포스트
코로나
2021년
경제전망

포스트 코로나 2021년 경제전망

코로나19 이후 경제를 바꿀 20가지 트렌드

지은이 | 김광석

1판 1쇄 발행 | 2020년 10월 29일
1판 3쇄 발행 | 2020년 12월 07일

펴낸곳 | (주)지식노마드
펴낸이 | 김중현
기획·편집 | 김중현
표지 디자인 | 블루노머스 내지 디자인 | 제이알컴
등록번호 | 제313-2007-000148호
등록일자 | 2007. 7. 10
(04032) 서울특별시 마포구 양화로 133, 1201호(서교동, 서교타워)
전화 | 02) 323-1410
팩스 | 02) 6499-1411
홈페이지 | knomad.co.kr
이메일 | knomad@knomad.co.kr

값 16,000원

ISBN 979-11-87481-86-7 13320

2021

포스트
코로나
2021년
경제전망

코로나19 이후
경제를 바꿀
20가지 트렌드

경제읽어주는남자

김광석 지음

nomad
지식노마드

눈을 떠도 보이지 않는 것이 있고, 눈을 감아도 보이는 것이 있다. 코로나19는 눈에 보이지 않지만, 우리는 그 충격을 여실히 목격하고 있다. 월세를 못 내는 자영업자의 눈물, 직업을 잃은 가장의 처진 어깨, 실적 압박을 견뎌내야 하는 팀장의 한숨 소리, 수출 계약이 줄줄이 취소되어 재고가 쌓여 있는 기업의 곳간은 눈을 감아도 우리의 눈에 코로나19의 충격을 선명하게 보여준다.

2020년은 '살아가는' 게 아니라 '살아내는' 시간이었다. 대봉쇄로 규정되는 2020년의 세계경제는 1930년대 대공황 이후 가장 충격적인 위기의 시간이었다. 필자는 독자들께 묻고 싶은 심정이었다. "1930년대 대공황을 경험해 보신 분이 있나요?" 정답이 없는 질문의 답을 찾아야 했다. 이 길이 맞는지, 이 길로 가면 정답이 있을지, 처음 들어선 낯선 길을 걸었다.

2021년은 이런 혼돈의 시간에서 벗어나는 '이탈점(point of exit)'이다. 다만, 모두에게 똑같이 기회가 찾아오는 것은 아니다. 공자의 유명한 어록이 생각난다. "가장 큰 영광은 한 번도 실패하지 않음이 아니라, 실패할 때마다 다시 일어서는 데에 있다." 다시 일어서기 위해서 2021년에 펼쳐질 경제환경을 먼저 들여다보아야 한다. 특히 코로나19 이후의 경제는 절대로 전과 같지 않음을 기억해야 한다. 포스트 코로나 시대다. 즉 경제환경이 코로나19로 인해 구조적으로 변화할 것이다. 2021년에는 나에게 어떤 기회와 어떤 위협이 있을지 면밀히 탐색해 보아야 한다. 그런 준비가 되었을 때만 '나'는 '시궁창'에서 벗어날 수 있다.

'먼저 읽어보기'에 소설가 오스카 와일드의 격언을 담았다. "We are all in the gutter, but some of us are looking at the stars." 번역해 보자면, "우리는 모두 시궁창에 있지만, 몇몇 사람은 별을 바라본다"는 뜻이다. 시궁창에 빠져도 어딜 바라보느냐에 따라 결과가 달라질 것이다. 2020년의 경제 충격에서 아직 벗어나지 못했지만 눈을 들어 2021년 경제를 바라보자. 이 책은 2021년 경제를 내다보고자 하는 '나'의 목마름을 해소해 줄 것이다.

"경제를 모르고 투자하는 것은 눈을 감고 운전하는 것과 같다." 필자가 『경제 읽어주는 남자』를 통해 처음 남겼고, 전작 『한 권으로 먼저 보는 2019년 경제전망』과 『한 권으로 먼저 보는 2020년 경제전망』에도 재인용했던 말이다. 경제를 객관적으로 들여다보지 않고 내리는 의사결정은 합리적이기 어렵다. 투자에는 재테크만이 아니라 '나'에 대한 투자도 포함된다. 기업의 신사업 투자와 정부가 하는 공공부문에 대한 투자도 물론 포함된다.

이 책은 '먼저 읽어보기'로 시작한다. 왜 '경제전망'을 읽어야 하는지, 2021년 경제를 왜 '이탈점'이라고 규명했는지를 설명한다. 이어서 2021년에 펼쳐질 20가지 경제이슈를 펼쳐놓았다. 끝으로 세계경제와 한국경제 사이클이 어떻게 전개될지를 분석한 경제전 망을 담고, 가계·기업·정부가 각각 어떻게 대응해야 할지를 압축 해서 제안했다.

특히, 20가지 경제이슈는 크게 3가지 영역으로 구분된다. 세계 경제의 주요 이슈 7가지, 한국경제의 주요 이슈 6가지, 산업·기술 관점에서의 이슈 7가지로 구성된다. 이러한 이슈는 내가 속한 지역 과 기업과 국가에 직접적인 영향을 미친다. '나'의 삶을 결정 짓기도 한다. '나'를 둘러싼 이 세상이 '나'를 움직인다. 그러니 '눈을 감고 운전하지 않으려면' '나'를 둘러싼 세상을 알아야 한다.

지난 시간 동안 '경제전망 시리즈'에 보내주신 독자들의 관심 덕에 필자가 한층 성장할 수 있었다. 이 책 『포스트 코로나 2021년 경제전망』을 통해 그 관심과 사랑에 보답하고, 매년 경제전망서를 발간하겠다는 약속도 지킬 수 있게 되었다.

1년이 지나니, 장석주 시인의 「대추 한 알」이라는 시가 더 크게 와 닿는다. "대추가 저절로 붉어질 리는 없다. 저 안에 태풍 몇 개, 천둥 몇 개, 벼락 몇 개." 독자들의 다양한 질의는 대중의 관점에서 어떤 메시지를 어떻게 효율적으로 전달할 수 있을지 더욱 고민하게 했다. 강연 현장에서 만나 소통하면서 기업이 당면한 현실 경제의 문제를 더 깊게 체감할 수 있었다. 정부가 주최하는 자문회의나 심 의회의 등에 참석해 머리를 맞대고 함께 고민한 동료 자문위원들 께도 많은 배움을 얻었다. TV와 라디오 토론을 통해 각 분야의 다 른 전문가들과 대담하면서 객관적 시각을 쌓을 수 있었다. 사랑하는 가족의 배려와 동료 연구진의 날카로운 조언이 있어 거친 돌을 가다듬을 수 있었다. 세상의 태풍과 천둥과 벼락을 담아 더욱 붉어진 대추처럼 2021년 독자들의 삶이 큰 결실을 맺을 수 있기를 바라며 이 책을 썼다.

"앞으로 경제가 어떨까요?"라는 일반 대중 여러분의 질문에 대답해 드리고자 한다. 연구자만의 언어가 아닌, 대중 여러분께 쉬운 언어로 전달해 드리고자 한다. 경제 읽어주는 남자 김광석은 매년 경제전망 도서를 발간할 계획이다. 본서는 그 세 번째 도서다. 여러분께서 갖고 계신 "앞으로 경제가 어떨까요?"라는 질문에 본서와 함께 다가가 대답을 드리고자 한다.

2021년 주요 경제 이슈의 선정

이탈점, 2021년

혼돈의 시간을 보냈다. 2020년 경제는 코로나19의 충격으로 혼란 그 자체였다. 보통의 위기 때는 두 팔 걷어붙이고 무언가 노력이라도 할 수 있었다. 머리를 맞대고 대응책을 모색하거나, 저녁을 반납하며 야근하거나, 공장을 더 바삐 돌려 보는 등 위기를 극복하기 위한 노력을 기울일 수 있었지만, 코로나19 위기는 달랐다. 대봉쇄와 셧다운, 사회적 거리두기로 손을 쓸 수가 없었다. 경제가 시궁창에 빠진 듯했다.

2021년은 혼돈의 시간에서 벗어나는 '이탈점(Point of Exit)'이다. 거시경제는 충격에서 벗어날지 모르지만, 모두에게 시궁창에서 빠져나올 기회가 주어지지는 않을 것이다. 코로나19는 경제환경을 구조적으로 변화시켰다. 코로나19 이후의 경제가 구조적으로 어떻게 변화할지를 먼저 들여다보고 대응하는 이에게만 이탈점이될 것이다. 이 책이 2021년의 경제를 먼저 들여다볼 수 있는 '사다리'가 되기를 바란다.

필자가 좋아하는 소설가
오스카 와일드의 격언이 있다.
"We are all in the gutter, but
some of us are looking at the
stars." 번역해 보자면 이렇다.
"우리는 모두 시궁창에 있지만,
몇몇 사람은 별을 바라본다." 그의 말처럼 시궁창에 빠져도, 깊은
바다에 빠져도, 어딜 바라보고 어떤 생각을 하느냐에 따라 결과가
달라질 것이다. 2020년의 경제 충격에서 벗어나는 2021년이 온다.
경제 충격만 바라보지 말자. 2021년에는 어떤 경제 이슈가 펼쳐질
지 미리 들여다보자. '나'에게 어떤 기회가 있는지 또 어떤 위협 요
인이 있는지 살펴보고 준비된 '나'를 만들자.

2021년 경제를 먼저 들여다보라

2018년에 출간한 『한 권으로 먼저 보는 2019년 경제전망』을
통해, 2019년은 '결정점(Deciding Point)'이 될 것으로 전망한 바 있
다. 2019년에 냈던 『한 권으로 먼저 보는 2020년 경제전망』에서는
2020년이 '대전환점(Point of a Great Transition)'이 될 것이라고 설명
했다. 코로나19를 예측하지는 못했지만, 팬데믹을 거치며 디지털
트랜스포메이션이 더욱 빨라지고 초저금리 시대로 이행되는 등 다
양한 관점에서 2020년은 대전환의 해가 되었다.

2021년에는 국내외 경제와 산업 및 기술 측면에서 엄청난 이슈들이 본격적으로 모습을 드러낼 것이다. 코로나19로 인해 기존의 경제구조에서 이탈해 전혀 다른 환경에 놓일 것이기 때문에, 그 변화는 정부와 기업 그리고 '나(가계)'에게 직접적인 영향을 미칠 것이다. 경제적 이슈는 멀리 떨어져 있지 않고, 나의 삶에 바로 영향을 준다. 나의 삶은 경제적 이슈와 연동되어 있고 유기적으로 교감하고 있다. 2021년에 펼쳐질 세계경제, 한국경제, 산업·기술에 걸친 이슈는 나의 소득을 결정하고, 나의 자산을 결정하며, 나의 삶을 결정할 것이다. 그래서 2021년 경제는 나의 현재이자 미래다.

정부의 정책은 가계와 기업에 직접적인 영향을 미친다. 경제환경의 변화를 치밀하게 들여다보고 가계와 기업이 견실하게 경제 활동에 참여할 수 있도록 적절한 정책 지원을 제공해야 한다. 기업이 경영기획과 사업전략 등을 고려할 때 경제전망은 필수적이다. 내수와 대외 경제환경은 어떻게 전개되며, 국내외 경제에 어떤 이슈가 있는지, 어떤 산업이 유망하고 어떤 기술이 표준이 될지, 어떤 정책 지원이 마련될지 등을 무시한 채 경영하는 것은 모래 위에 성을 쌓는 것과 같다.

가계도 다르지 않다. 잔소리처럼 들릴지도 모르지만 다시 강조하고 싶다. 철수 네는 1년 동안 열심히 일하고 아껴 써서 2천만 원을 모았다. 영수 네는 집값이 2억 원 올랐다. 그렇다면 철수 네는 2천만 원만큼 부자가 된 것일까, 아니면 1억 8천만 원만큼 가난해진 것일까? 우리는 지난 2020년에 이러한 경험을 했다. 2021년에도 다시 겪을 것인가? "경제를 모르고 투자하는 것은, 눈을 감고 운전하는 것과 같다." 재테크라 함은 현금을 주식, 펀드, 부동산, 달러, 엔화, 금 등의 투자 대상으로 옮긴다는 뜻인데, 이 투자 대상의 가치가 어떻게 움직일지를 먼저 들여다봐야 하지 않는가? 투자 대상의 가치가 어떻게 움직일지를 보는 것이 '경제를 먼저 들여다보는 것'이다.

2021년 20대 경제 이슈

2021년 경제를 변화시킬 주요 이슈는 세계경제, 한국경제, 산업·기술적 관점에서 고루 도출되었다. 2020년의 경제 충격에서 벗어나는 '이탈점'이 될 2021년에 어떤 이슈가 펼쳐질까? 20가지 주요 이슈를 여기서 큰 그림으로 조망해 보고, 이어지는 장에서 각각을 심층적으로 살펴보도록 하자.

우선, 세계경제의 주요 이슈는 다음과 같이 7가지로 선정했다. 첫째, 코로나19로 인한 경제환경의 구조적 변화가 예상된다. 2021년부터 시작될 포스트 코로나 시대, 새로운 표준이 될 뉴노멀 경제를 분석했다. 둘째, 세계 각국이 리쇼어링 전쟁에 가담하면서 탈세계화가 진전될 것으로 전망된다. 셋째, 홍콩 국가보안법이 발효됨에 따라 특별지위가 박탈되고, 세계 주요국이 홍콩을 경유해 중국 등에 재수출하는 구조가 붕괴할 것이다. 많은 현지 법인이 홍콩에서 철수하는 이슈가 등장할 것으로 예상한다. 넷째, 미중 무역전쟁이 디지털 통화전쟁으로 전개될 것이다. 중국 중앙은행은 이미 '중앙은행 디지털 화폐(CBDC)' 개발 및 도입에 착수했고, 이를 통해 기축통화국으로 부상하기 위한 전략을 준비 중이다. 다섯째, 트럼프 행정부 제2기가 될지 아니면 바이든 신정부가 출범할지는 세계경제에 큰 영향을 미칠 것이다. 여섯째, 미국을 비롯한 세계 각국이 역대 최저금리를 도입했다. 2021년에도 제로금리를 지속해 경기부양을 유도하는 완화의 시대가 될 전망이다. 일곱째, 코로나19의 위기상황에 기민하게 대응해 기회로 반전시키는 '리질리언스(Resilience)'가 경영 트렌드로 부상할 것으로 예상된다.

한국경제의 이슈는 크게 6가지로 선정했다. 첫째, 디지털 뉴딜과 그린 뉴딜로 구성된 '한국판 뉴딜' 정책을 통해 정부가 경제 회복을 이끌고, 기업은 사업 기회를 모색하게 될 것이다. 둘째, 2021년 예산안으로부터 재정 정책 및 뉴딜펀드 조성 계획을 읽어내야 한다. 셋째, 가계-기업-정부 3대 경제 주체가 모두 과다 부채라는 문제에 직면하게 될 것이다. 넷째, 저물가가 장기화함에 따라 '디플레이션 우려'에 대한 문제 인식이 커질 것이다. 다섯째, 밀레니얼 세대와 Z세대가 일하는 방식을 변화시키고, 새로운 소비 트렌드를 만들 것이다. 여섯째, 2021년 부동산 시장은 2020년의 급등세에서 이탈해 조정 국면이 진행될 것으로 전망된다.

끝으로 산업·기술적 이슈 7가지를 선정했다. 첫째, 데이터가 기업의 경쟁력이 되는 데이터 경제가 펼쳐진다. 제품과 서비스를 중심으로 경쟁력이 결정되던 시대에서 데이터 경제로 바뀐다. 둘째, 모든 서비스가 비대면으로 전달되는 현상이 표준이 되는 언택트 시대로 진입할 것이다. 셋째, 생체 인식 기술과 디지털 신분증이 지급결제산업을 혁신할 전망이다. 넷째, 미국의 GAFA(Google, Apple, Facebook, Amazon)와 중국의 BAT(Baidu, Alibaba, Tencent)로 대변되는 빅테크 기업의 금융서비스 진출이 금융산업을 긴장시킬 것으로 판단된다. 다섯째, 코로나19로 소비자들이 환경 보전의 가능성과 필요성을 인식하게 되어 '환경을 반드시 고려하는' 소비 트렌드가 확산할 것으로 보인다. 여섯째, 원격 진료를 포함해 디지털 헬스케어 산업의 미래가 코로나19로 앞당겨질 전망이다. 일곱째, 디지털 콘텐츠 산업이 언택트와 커넥트의 조합, 초실감콘텐츠, 콘텐츠의 초맞춤화, 구독 서비스, 콘텐츠 플랫폼 전쟁과 같은 새로운 물결을 일으킬 것으로 전망된다.

2021년 20대 경제 이슈 도출

구분	20대 경제 이슈 도출
세계	① 포스트 코로나, 2021 뉴노멀 경제
	② 글로벌 리쇼어링 전쟁, 탈세계화의 진전
	③ 홍콩발 홍수, 세계 경제 덮치나?
	④ 디지털 통화 경쟁: 중앙은행 디지털 화폐를 중심으로 한 미중 무역전쟁
	⑤ 트럼프 행정부 제2기 vs 바이든 신정부
	⑥ 완화의 시대: 역사상 최저금리 언제까지?
	⑦ 리질리언스(resilience), 코로나19 위기를 기회로 바꾼 글로벌 기업들
한국	① 한국판 뉴딜과 뉴비즈니스 기회
	② 2021년 국가운영 방향 – '뉴딜펀드'의 기회와 우려
	③ 부채경제(Debt Economy), 가계·기업·정부의 트리플 크라운
	④ 디플레이션 소용돌이(Deflationary Spiral)
	⑤ 밀레니얼 세대와 Z세대, 이들이 가져올 경제적 변화
	⑥ 2021년 부동산 시장 전망 – 치대국 약평소선
산업·기술	① 데이터 경제, 새롭게 등장할 패권
	② 언택트 뉴노멀
	③ 지급결제산업의 혁신: 생체인식 기술과 디지털 ID 보급
	④ 핀테크, 테크핀, 그리고 빅테크
	⑤ 필환경 시대: 리세일 비즈니스의 부상
	⑥ 앞당겨진 디지털 헬스케어
	⑦ 콘텐츠 뉴웨이브, 5대 산업 트렌드

경제 이슈별 주요 내용

코로나19 이후 경제환경의 구조적 변화

글로벌 밸류체인(GVC)이 붕괴되고, 각국은 기업들을 적극 유치

홍콩 국가보안법 발효로, 특별지위가 박탈됨에 따라 현지법인 철수

미중 무역전쟁이 디지털 통화전쟁으로 전개

미 대선 결과에 따라 미국의 외교 및 경제 정책 기조의 변화

세계 각국은 제로금리를 유지하며 완화적 통화정책 지속

코로나19의 위기를 기회로 반전시키는 리질리언스 경영트렌드

디지털 뉴딜과 그린 뉴딜에 경제정책 집중

초슈퍼예산안에 담긴 재정정책과 뉴딜펀드 조성 계획

정부의 재정건전성 악화, 부실기업 확대, 가계의 채무 부담 가중

저물가의 역습, 일본의 잃어버린 20년 재현될까?

일하는 방식의 변화, 소비 트렌드의 변화

법인과 다주택자들의 매도세가 확대되면서 주택가격 조정

기업의 경쟁력이 제품과 서비스 중심에서 데이터 중심으로 전환

오프라인에서 온라인으로, 대면에서 비대면 서비스로 전환

아날로그 신분증에서 디지털 생체인식 기술과 디지털 ID로 전환

GAFA와 BAT와 같은 빅테크 기업의 금융서비스 진출 확대

코로나19로 환경보존의 필요성과 가능성을 인식

코로나19로 원격진료 등의 디지털 헬스케어 산업 부상

디지털 콘텐츠 산업의 언택트&커넥트, 초실감 콘텐츠 등의 트렌드

차례

1부

2021년
세계경제의 주요 이슈

01 / 포스트 코로나, 2021 뉴노멀 경제

비 온 뒤에 땅이 굳는 법이다. 소 잃고 외양간을 고친다고 비판하지만, 소를 잃었기 때문에 외양간을 고쳐야 할 필요성을 절실하게 알게 된다. 우리나라는 IMF 외환위기를 겪은 후, 외환 건전성을 확보하고 금융시장에 대한 감독 기능을 강화해 오고 있다. 일본의 수출규제라는 뼈아픈 경험 후에, 소재·부품·장비 국산화를 정책적으로 추진하게 되었다. 위기에 처해 본 자가 위기 극복 방법을 알지 않겠는가?

팬데믹과 구조적 변화[1]

1348~1350년 유럽에 흑사병(페스트)이 출현했다. 역사상 가장 혹독했던 팬데믹으로 익히 알려져 있다. 교황 클레멘트 6세는 흑사병으로 약 2,400만 명이 사망한 것으로 추산했다. 불과 몇 년 사이에 유럽 인구의 3분의 1이 줄어든 것이다.[2] 1347년 이탈리아 피사에서 하루 5백 명, 오스트리아 빈에서 하루 6백 명, 프랑스 파리에서 하루 8백 명이 사망한 바 있다. 매장할 토지와 일손이 부족해, 미처 매장하지 못한 시신이 강과 거리에 넘쳐났다. 중국에서도 흑사병으로 3,300만 명이 사망했고, 아시아와 아프리카까지도 피해는 매우 심각했다. 세계 인구는 흑사병 이전 약 4억 5천만 명으로 추산되는데, 14세기 이후 약 3억 5천만 명으로 감소했다. 세계 인구는 17세기가 되어서야 흑사병 이전 수준으로 회복되었다.[3]

흑사병은 종교, 사회, 문화, 경제 등 광범위한 영역에 걸쳐 큰 역사적 변화를 일으켰다. 종래 유럽은 로마 가톨릭 교회와 봉건귀족 사회가 장악하고 있었다. 지배계층은 영토와 부를 장악했고, 그들의 언어인 라틴어를 중심으로 지식까지 통제했다. 흑사병이 창궐하기 전까지 그랬다. 흑사병 이후 수많은 성직자가 사망하면서 라틴어 사용자가 크게 감소했다. 이에 따라, 영어와 프랑스어, 독일어 등 자국어 기록이 늘면서 민족주의가 싹트는 계기가 되었다. 종

---

1 김광석(2020.3), 『더블 딥 시나리오』, 지식노마드.
2 ABC/Reuters (2008. 1. 29.). "Black death 'discriminated' between victims (ABC News in Science)"
3 Historical Estimates of World Population". Census.gov.

중세 영국의 인구와 목공의 임금 추이

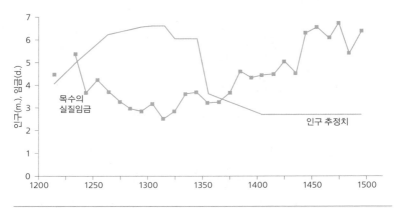

자료 : The Economist(2013.10)
주 : Clark, G. (n.d.) Microbes and markets: was the Black Death an economic revolution? Online.

교적으로도 큰 변화가 일어났다. 당시 신자들이 성당에 가서 열심히 기도를 했지만 속수무책으로 흑사병이 전염되다 보니, 교회 권위가 흔들리고, 인간 중심의 세계관인 인문주의가 싹트기 시작했다.

흑사병은 경제 구조적으로도 큰 변화를 만들었다. 흑사병은 유럽사회에서 자본주의로 연결되는 단초를 만들었다. 한편, 노동력이 급격히 부족해지면서 농민들의 근로조건이 개선되기 시작했다. 봉건 영주들이 농민의 처우를 개선하기 시작한 것이다. 이에 따라 살아남은 농민의 소득수준이 향상되었고, 사회적 지위도 향상되었다. 역사적으로 르네상스 운동이 문화적 가치에 눈뜨게 했다면 흑사병은 살아남은 사람들의 경제적 여건을 개선해 주었다고 할 수 있다.

흑사병 사망자

자료 : Genetic literacy project

　흑사병으로 사망한 사람이 너무 많아 유럽에는 여러 친인척들로부터 유산을 다중 상속받아 재력을 가진 중산층과 신흥 상류층이 등장하기 시작했다. 더욱이 노동자의 권리가 신장되면서 농노제도가 붕괴하거나, 상업주의가 팽배하는 등 유럽식 자본주의가 등장하기 시작했다.

　당시, 영국 에드워드 3세는 임금 인상을 제한하는 법을 만들었다. 노동자의 최대 임금을 흑사병 발생 이전인 1346년 수준으로 동결하려는 게 법의 목적이었다. 농민들의 임금 인상 요구가 거세지자 이를 막기 위해 움직인 것이다. 왕은 이 법으로 노동을 의무화하고, 다른 농장으로부터 농민을 스카우트하는 행위도 금지했다. 이러한 시도는 아무런 효과가 없었다. 정책이 시장을 이기지 못한 것이다. 노동력 부족 현상은 자연스럽게 임금 상승으로 연결되었고, 이러한 현상은 약 100년 동안 지속되었다.

점차 농노제도가 붕괴하고, 노동자와 농민의 삶의 질은 극적으로 개선되었다. 한편, 비싼 인건비는 기업으로 하여금 노동력을 절감하기 위한 움직임을 유도했다. 옥스퍼드 대학의 제임스 벨리치(James Belich)는 흑사병이 노동력을 절감하기 위한 기술 혁신을 촉진하는 계기를 만들었고, 이것이 생산성 향상을 이끌었다고 주장했다. 예를 들어, 풍부한 노동력을 활용해 기록물을 (인쇄에 의하지 않고, 손으로 글을 써서) 생산하던 방식이 만연했으나, 이후 노동력을 절감하기 위해 구텐베르크(Gutenberg)는 활판 인쇄술(Movable-type Printing)을 개발했다. 신속하고도 효율적인 인쇄술은 정보의 확산속도를 가속화했고, 이후 정보혁명의 주된 기술이 되었다고 평가받는다. 이처럼 흑사병은 인류의 목숨을 앗아간 재앙이었던 동시에, 다른 한편으로는 경제 구조를 바꾼 원동력이기도 했다.

2020년 코로나19와 2021년 뉴노멀

2020년에 우리는 1930대 대공황 이후 가장 흉악한 경제위기를 경험했다. IMF의 2020년 세계 경제성장률 전망치는 −4.4%다. 1930년대 대공황 이후 가장 낮은 세계 경제성장률이다. IMF 외환위기 당시 세계경제는 2.6% 플러스 성장했고, 글로벌 금융위기 당시 세계 경제성장률은 −0.07%로 0%에 가까운 마이너스 수준이었다. 2020년 팬데믹 경제위기는 그만큼 가혹한 위기였다.

주요 경제위기와 세계 경제성장률 추이

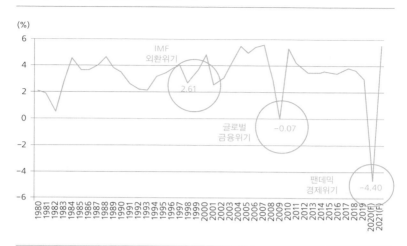

자료 : IMF
주 : 2020년 세계 경제성장률은 2020년 10월 기준 전망치임

충격이 지나면 전과 후는 달라지곤 한다. 일시적 변화가 아니라 구조적 변화가 나타난다. 예를 들어, 보건에 관한 국민적 필요와 정책적인 강조가 한층 강화될 것이다. 코로나19가 종식되더라도 다른 전염병이 또 찾아올 수 있다는 우려를 불식시킬 수 없을 것이다. 사회·문화적으로도 낯선 군중들과 어울리는 활동에 의식적·무의식적으로 부정적 감정을 갖게 될 것이다. 그 밖에도 비대면 서비스나 디지털 플랫폼에 대한 수요가 계속 늘다가 코로나19의 영향으로 수요가 폭발적으로 증가한 이후, 다시 이전 수준으로 돌아가는 것이 아니라 이전 수준보다 한층 높은 수준으로 자리 잡을 것으로 전망된다. 즉, 코로나19는 일시적 변화를 넘어 구조적

변화를 가져올 것으로 보인다.

코로나19가 가져올 구조적 변화

첫 번째 구조적 변화로 글로벌 밸류 체인(Global Value Chain, 이하 'GVC') 상의 변화가 가속화할 것으로 보인다. 보호무역주의가 팽배해지고, 미국을 비롯한 주요국들이 리쇼어링 정책을 추진함에 따라 이미 제조업 회귀현상이 전개되어 왔다. 세계적으로 해외직접투자 유입액(Foreign Direct Investment Inflow)은 2015년 20,418억 달러 규모를 기록한 이후 급속도로 감소하면서 2018년에

세계 해외직접투자 유입액(FDI Inflow) 추이

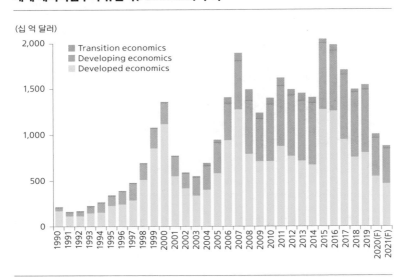

자료 : UNCTAD(2020) 『World Investment Report 2020』
주 : Transition economies는 UN에서 분류하고 있는 기준으로, 선진국(Developed economies)과 개발도상국(Developing economies)을 제외한 나라들이고, 경제시스템이 근본적으로 상이한 시스템으로 이행되는 과정에 있는 경제권을 뜻함. 보통 사회주의 경제체제에서 시장경제로 이행하는 동유럽 및 CIS 지역들을 의미함.

는 14,952억 달러를 기록했다. 2020년 들어 해외직접투자는 큰 폭으로 감소하고, 2021년까지 이런 추세가 두드러지게 나타날 것으로 전망된다.

2020년 세계 주요국들이 코로나19 사태를 맞아 지역간의 봉쇄(lock down)와 시설의 폐쇄(shut down)를 실시하면서 주요 산업은 주요 부품의 공급에 차질을 빚은 바 있다. 한국도 자동차, 전자, 철강, 석유화학 등의 주요 산업이 중국, 미국, 유럽 등으로부터 원자재와 부품을 조달하는 데 문제를 겪은 바 있다. 특히, 많은 선진국들은 그동안 마스크를 비롯한 위생용품들의 제조기지를 신흥국에 두었기 때문에 전염병 대응에 상당한 차질을 빚기도 했다. 코로나19 사태는 GVC 상의 일부 부문을 해외에 의존하기보다 자국에 집중하는 현상을 강화시킬 것으로 보인다. 한국 정부는 주요 정책 중 하나로 리쇼어링 정책(U턴 기업 지원정책)을 강화하고 있다. 해외 현지 법인을 본국으로 회귀시켜 경제성장과 고용창출에도 기여할 수 있도록 하는 자국 우선주의가 확대되는 것이다. GVC가 약화되고 LVC(Local Value Chain)가 강조되는 구조적 변화가 나타나는 모습이다.

둘째, 디지털 트랜스포메이션(Digital Transformation)이 가속화할 전망이다. 코로나19 이전부터 아날로그에서 디지털 환경으로의 변화가 가파르게 진전되고 있었다. 코로나19가 이러한 변화를 앞당겨 놓았다. 글로벌 기업들의 세계에서 디지털 트랜스포메이션을 이끄는 기업을 중심으로 축의 이동이 일어나고 있다. 세계경제의

글로벌 Top 10 기업(시가총액 기준)

	■ 여타 산업　■ IT 제조업　■ IT 서비스업		
	1990년	**2000년**	**2016년**	**2020년**

	1990년	2000년	2016년	2020년
1	IBM	Itauter	Apple	Apple
2	Exxon Mobil	General Electric	Alphabet	Amazon
3	General Electric	Exxon Mobil	Microsoft	Microsoft
4	Altria Group	Pfizer	Berkshire Hathaway	Alphabet
5	Toyota	Cisco	Exxon Mobil	Facebook
6	Bristol-Myers Sqibb	Citi	Amazon	Alibaba
7	Merck & Co.	Walmart	Facebook	Berkshire Hathaway
8	British Petroleum	Vodafone	Johnson& Johnson	Visa
9	Walmart	Microsoft	JPMorgan Chase	Taiwan Semiconductor
10	BT Group	AIG	General Electric	Johnson& Johnson

자료 : Bloomberg
주 : 시가총액은 매년 12월 31일 기준, 2020년은 8월 13일 작성일 기준

핵심축이 '전통산업 → ICT 제조 → ICT 서비스'로 이동하고 있는 모습이다. 시가총액을 기준으로 글로벌 톱 10 기업의 분포를 확인해 보면, 1990년대 ICT 기업은 IBM, General Electric, BT Group 등 3개에 불과했다. 2000년대에는 4개의 ICT 기업이 톱 10 기업에 들어섰고, 2020년에는 Apple, Amazon, Microsoft, Alphabet, Facebook, Alibaba 등의 ICT 기업이 주를 이루게 되었다. 특히, ICT 산업 중에서도 ICT 제조에서 ICT 서비스로의 변화가 눈에 띄

게 나타난다. 모든 변화가 코로나19로 인한 것은 아니었지만, 코로나19가 경제 주체들의 디지털 서비스에 대한 요구를 폭발시켰고, 이에 적극적으로 대응한 기업을 중심으로 주요 산업이 재편되고 있는 것이다.

셋째, 비대면 서비스(Untact service)에 대한 의존도가 커질 전망이다. '사회적 거리두기'가 보편화됨에 따라 온라인쇼핑과 게임 서비스 수요가 급증했다. 과거 비대면 서비스는 젊은 층의 전유물로 여겨졌지만, '반강제적으로' 소비자 전체로 확산했다. 온라인쇼핑이 급증하면서 지급결제 서비스가 고도화되고, 온라인 교육 및 화상회의가 도입되면서 ZOOM과 같은 플랫폼 사용자가 급증했

키오스크를 활용한 비대면 주문과 지급결제

키오스크가 빠르게 확산하고 있다.
자료 : Shutterstock

다. 오프라인 환경 하에서조차도 키오스크(Kiosk)가 빠른 속도로 보급됨에 따라 판매원 등을 만나지 않고 서비스를 이용하는 비대면 환경으로 전환되고 있다. 홈트(홈 트레이닝)와 커넥티드 게임의 수요가 증가하고, 앱으로 배달음식을 즐기면서 '홈코노미'라는 용어가 등장하기도 했다. 디지털 플랫폼을 경험해 본 사용자는 편리성과 유용성을 인식해 코로나19 이후 더욱 의존적이 될 것으로 판단된다.

넷째, 사회·문화도 상당 부분 바뀔 것으로 보인다. 테니스를 즐기는 필자는 동호인 간 테니스 경기를 치르는 풍경이 바뀌었음을 실감한다. 테니스 경기는 네트 앞에서 상대편과 악수를 하며 시작하고, 경기 중 파트너와 손바닥을 마주치며 응원한다. 코로나19는 이러한 접촉을 최소화한 채 라켓을 부딪치며 인사하고, 응원하는 방식으로 바꿔 놓았다. 엘리베이터에서 대화를 나누지 않는 에티켓이 등장하는가 하면, 기침할 때 팔로 가리는 예절 교육도 확대되었다. 한국을 상징하던 집단주의(Collectivism) 문화도 쇠퇴하며, 개인주의(Individualism)로의 전환이 가팔라질 것으로 보인다. 이미 대가족에서 핵가족 제도로 변화하고, 1인가구가 주된 가구 유형으로 등장하며, 아파트형 주거공간이 확대되면서 개인주의적 문화로 전환되고 있었다. 코로나19는 이러한 문화적 변화를 가속화할 것으로 전망된다.

마지막으로 조직문화도 바뀌고 있다. 대면보고와 대면회의가 최소화될 것으로 보인다. 재택근무도 효율성을 잃지 않는 범

창립 이후 처음 화상 미팅으로 진행한 2020년 IMF Spring Meeting

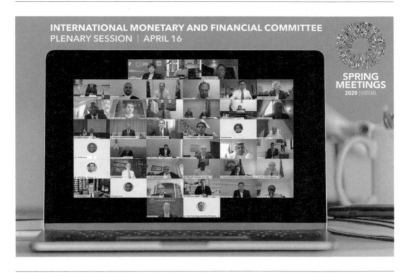

자료 : IMF

위 내에서 더욱 적극적으로 활용될 것으로 전망된다. 비대면 보고와 재택근무가 원활히 이루어질 수 있도록 하는 ERP(Enterprise Resource Planning, 전사적자원관리) 시스템 보급도 확대되고 고도화될 것이다. 비대면 회의의 편리성을 경험한 기업들은 이러한 환경에 적합한 시스템과 소프트웨어를 구축하고 이를 더욱 활용할 것으로 전망된다. 회식 문화가 크게 줄고, 유연근무제도가 안착할 것으로 보인다. 이미 밀레니얼 세대가 기존 세대들과 함께 일하기 시작한 직장 환경에서 서로의 라이프 스타일을 존중하고 2차, 3차로 이어지는 회식 문화를 지양해 왔던 터에 코로나19는 이러한 변화를 증폭시켰다. 최근 G7 재정부 장관 회담, G20 정상회담, IMF 정기 미팅 등과 같은 국제 주요 회담이 화상으로 진행되었다. 이는 향후 공공 및 민간 조직에서 실시간 화상회의 및 교육의 활용이 늘어날 가능성을 상징적으로 알려주는 사건이다.

거스를 수 없는 변화와 대응

외양간을 어떻게 고칠지를 고민해야 할 때다. 또다시 소를 잃지 않도록 말이다. 기업은 코로나 이후 펼쳐질 변화를 그려보고, 그 변화를 선도할 수 있는 제품과 서비스를 제공해야 한다. 제조기업은 GVC의 변화를 인식하고, 생산기지 이동 및 다변화를 검토하며, 정책적인 지원을 활용해야 한다. 디지털 플랫폼을 확보하고, 아날로그 방식으로 전달하던 서비스를 디지털·비대면 방식으로 전환해 나가야 한다. 사회문화 및 조직문화의 변화에 걸맞은 경영시스템을 구축하는 것도 중요하다.

개인도 그런 변화에 기초해 유망한 영역으로 진로를 설정하고, 요구되는 역량을 개발하기 위해 노력해야 한다. 투자 의사결정 면에서 이러한 변화를 반영하는 것은 지극히 당연한 일일 것이다. 정부는 코로나19의 경제적 충격을 복구하는 데 필요한 정책적 노력에 집중하고, 기업과 가계가 발 빠르게 변화에 대응해 나갈 수 있는 환경을 구축해야 한다.

이후의 장들은 2021년의 경제 트렌드를 담고 있다. 코로나19로 인한 구조적 변화를 더욱 구체적으로 소개하고 직간접적으로 관련 있는 변화를 살펴볼 것이다.

02 / 글로벌 리쇼어링 전쟁, 탈세계화의 진전

영원한 것은 없다. '세계의 공장'으로 불리던 중국은 더는 그 수식어가 어울리지 않게 되었다. 과거 영국이 세계를 호령하던 때가 있었고, 일본이 또한 그럴 때가 있지 않았는가? 패권은 움직인다. 달라지는 환경에 적절히 대응하지 못하면 함정에 빠지는 법이다.

2010년대 신보호무역주의가 등장하고, 자국 우선주의를 외치는 열강들은 해외에 나가 있는 기업을 본국으로 회귀시키려 경쟁해 왔다. 더욱이 코로나19가 글로벌 분업구조를 붕괴시키고, 각국은 앞다퉈 리쇼어링 정책을 내놓고 있다. 글로벌 리쇼어링 전쟁이 시작됐다.

밸류체인의 세계화

밸류체인(Value Chain)은 기업활동에서 부가가치가 생성되는 과정을 말한다. 원자재나 부품을 조달하고, 제품을 생산하며, 이를 소비자에게 판매하기까지의 전 과정을 뜻한다. 1985년 미국 하버드대학교의 마이클 포터(M. Porter)가 모델로 정립한 이후 광범위하게 활용되고 있는 이론적 틀이다.

밸류체인은 일반적으로 스마일 커브(Smile Curve)를 그린다. 생산 부문 자체는 낮은 부가가치를 창출한다. R&D와 설계(Design) 같은 생산의 전(前)과정이나 마케팅과 서비스 같은 생산의 후(後)과정은 상대적으로 높은 부가가치를 창출한다.

밸류체인의 스마일 커브

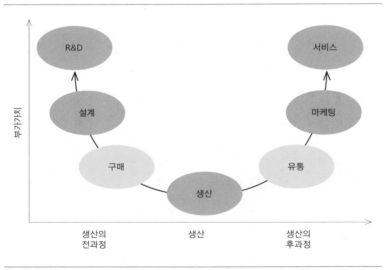

자료 : Gary Gereffiand Fernandez–Stark(2016)

밸류체인은 20세기 동안 국내에서 세계로 확대되었다. GVC(Global Value Chain, 글로벌 밸류체인)가 등장한 것이다. GVC는 이러한 과정 중의 일부(예를 들어 제조)를 다른 나라에 의존하는 글로벌 분업구조를 뜻한다. 통상적으로 부가가치가 낮은 생산(제조) 영역을 노동력이 풍부하고 저렴한 인건비의 신흥국으로 이전하기 시작했다. 물론 생산 외의 영역도 이윤을 극대화하기 위해 이전해 왔다. 미국의 IT기업이 콜센터를 인도에 두거나, 한국의 반도체 기업이 주요 원자재를 일본에 의존해 온 것도 대표적인 예가 된다. 이렇게 역내 밸류체인(RVC, Regional Value Chain)이 GVC로 변화해 온 것을 세계화(Globalization)라고 표현할 수 있다.

리쇼어링과 탈세계화

생산기지를 다른 나라로 옮기는 오프쇼어링(Off-shoring)이 세상을 주름잡던 경영 트렌드였던 때가 있었다. 노동력, 원자재 등 생산요소의 공급이 더 원활하거나 유리한 다른 나라로 아웃소싱 하는 것이다. 기업의 오프쇼어링으로 세계화가 진전되고, 역내 밸류체인(LVC)이 GVC로 변화해 온 것이다.

2010년대 들어 생산기지를 본국으로 회귀시키는 리쇼어링의 형태로 전환되기 시작했다. 특히, 미국 트럼프 대통령은 법인세를 큰 폭으로 인하하거나, 이산화탄소 감축 동의안(2015년 파리협정)을 파기하는 등 미국으로 제조기지를 들여오기 위한 적극적인 정책들을 펼쳤다. 북미자유무역협정(NAFTA: North American FTA) 폐기를 시도한 것도, 글로벌 기업들이 멕시코에 제조기지를 두고 무관세로 미국에 수출하는 전략을 취하고 있었기 때문이다. 미중 무역분쟁 또한 중국 내 생산기지를 이탈시키고 리쇼어링을 부추기는 데 상당한 영향을 미쳤다고 평가된다.

세계 각국이 스마트 팩토리를 적극적으로 도입하고 있는 것도 리쇼어링을 촉진하는 기술적 요인이 된다. 많은 노동력에 의존해 생산하는 기존의 제조업은 저렴한 인건비를 찾아 오프쇼어링 해야 할 필요성이 있었지만, 스마트 팩토리로 전환한 기업은 소수의 고급·기술 인력만을 필요로 한다. 즉, 각국 정부는 스마트 팩토리로 전환할 수 있도록 설비 지원을 하고, 기업은 생산 공정을 자동화해 신흥국에 있는 제조기지를 리쇼어링 하는 것이다.

리쇼어링은 탈세계화(De-globalization)를 진전시키고 있다. 세계 해외직접투자가 감소하는 추세다. 해외직접투자 유입액이 2015년 2조 달러 이상의 고점을 기록한 이후 추세적으로 감소하고 있다. 국제연합무역개발회의(UNCTAD)는 해외직접투자 유입액이

해외직접투자(FDI, Foreign Direct Investment)는 일반적으로 외국인이 장기적인 관점에서 타국 기업에 출자하고 경영권을 확보하여 직접 경영하거나 경영에 참여하는 형태의 외국인 투자를 일컫는다. 외국의 주식·채권과 같은 자본시장에 투자하는 것은 해외간접투자(혹은 해외포트폴리오투자)라고 불리는 반면, 직접 공장을 짓거나 회사의 운영에 참여하는 것을 해외직접투자라고 한다. 해외 현지법인의 설립, 기존 외국법인 자본에 참여, 부동산 취득, 지점 설치 등의 유형이 있다.

세계 해외직접투자 추이 및 전망

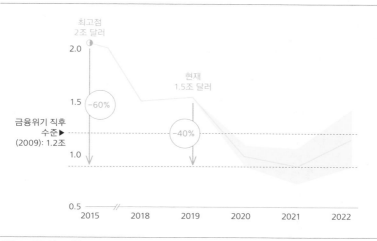

자료 : UNCTAD(2020) 『World Investment Report 2020』

2020년과 2021년 1조 달러 이하로 감소할 것으로 전망했다. 세계 경기가 급속히 둔화하고 있을 뿐만 아니라, 보호무역주의가 팽배해지고, 미국을 비롯한 주요국들이 리쇼어링 정책을 추진함에 따라 제조업 회귀현상이 두드러지게 나타나는 모습이다.

코로나19와 GVC의 붕괴

코로나19는 리쇼어링을 가속화했다. 2020년 세계경제는 한마디로 '대봉쇄(The Great Lockdown)'로 표현할 만하다. 이는 GVC를 붕괴시켰다. 코로나19 사태의 충격이 초기에는 중국에 집중되다가, 팬데믹 선언 이후 미국과 유럽의 주요 선진국 그리고 개발도상국으로 확산하는 모습이다. 세계 각국이 감염 확산을 막기 위해 이동금지령, 사회적 거리두기(Social Distancing), 지역간 봉쇄, 셧다운(Shutdown) 등의 조치를 단행하고 있어서 경제활동 자체가 마비된 상황이다.

GVC의 특성상 일부 공정만 멈추어도 전체 공정이 마비되기 마련이다. 예를 들어, 기아자동차 미국 조지아 공장은 미국 앨라배마 현대자동차 공장에서 엔진을 공급받기 때문에 연쇄작용이 불가피하다. 유럽도 마찬가지다. 현대자동차 체코공장 인근에서 생산되는 자동차 부품과 기아자동차 슬로바키아 공장 인근의 부품이 서로 공유돼 완성차가 만들어지는 구조다. 양국 물류가 중단되면 모든 공장이 멈춰서기 마련이다. 인도 정부도 삼성전자, LG전자, 현대차의 현지 공장 가동을 중단한 바 있다.

현대기아차 해외 공장 12곳 가운데 9곳이 셧다운되었다. 현대자동차는 중국을 제외한 미국, 인도, 체코, 터키, 러시아, 브라질의 공장이 가동을 중단했고, 기아자동차는 중국을 제외한 미국, 슬로바키아, 인도, 멕시코 공장이 가동을 중단했다. 코로나19 확산으

미국 및 유럽 현대기아차 공장 현황

공장		생산 차종	연간 생산능력
미국	앨라배마(현대)	쏘나타, 산타페, 아반떼	약 37만대
	조지아(기아)	K5, 쏘렌토, 텔루라이드	약 27만대
유럽	체코(현대)	i30, 코나, 투싼	약 35만대
	슬로바키아(기아)	씨드, 벤가	약 34만대

자료 : 김광석(2020), 『더블 딥 시나리오』, 지식노마드

로 공장 가동 중단 조치를 상당기간 연장한 바도 있다.

경제적 관점만이 아닌 사회적 관점에서도 글로벌 분업구조를 고민하게 되었다. 마스크 공장 하나 없는 선진국이 즐비했기 때문이다. 2020년 3~5월 중국이 수출한 마스크가 약 706억 개에 달한다. 전 세계 마스크 생산량의 3배가 넘는 양이다. 코로나19는 이 밖에도 해외 공급에 과도하게 의존하고 있는 여러 산업에 대해 문제를 인식할 기회가 되었다. 의료장비와 위생용품 제조업을 리쇼어링 하는 것은 '안보문제'로 재평가되기 시작했다. 경제적으로는 비효율적일 수 있지만, 사회적인 관점에서 보건 안보 능력을 확보하기 위해 각국은 적극적인 리쇼어링 정책을 이행할 계획을 밝혔다.

미중 무역전쟁, 홍콩 국가보안법 발효와 같은 이슈도 리쇼어링에 실질적인 영향을 주고 있다. 『한 권으로 먼저 보는 2020년 경제전망』에서도 미중 무역전쟁 등으로 중국을 이탈하는 기업들의 모습을 차이나 엑소더스(China Exodus)라고 표현한 바 있다. HP와 델은 중국 내 노트북 생산량을 줄이고, 구글, 애플(폭스콘), 마이크로소프트, 아마존, 소니, 닌텐도 같은 다국적 기업도 중국 내 생산라인을 축소하고 있다. 본서에서도 홍콩 엑소더스(HongKong Exodus) 현상을 별도의 장에서 다룰 만큼, 글로벌 리쇼어링 전쟁을 촉진할 중요한 이슈가 될 것으로 보인다. 홍콩 국가보안법 발효와 특별지위 박탈에 따라, 홍콩을 경유해 재수출하기 위해 상주하고 있는 수많은 현지 법인이 대이탈을 시작할 것으로 보인다.

주요국들의 리쇼어링 정책

프랑스는 의약품 공급망을 강화하기 위해 30여 종의 의약품의 국내생산을 검토하고 있고, 첫 번째 사례로 '파라세타몰' 생산을 리쇼어링 한다는 계획을 발표했다. 프랑스는 이미 2013년부터 리쇼어링을 촉진하기 위해 진단 프로그램(콜베르 2.0)을 개발했고, 'MIF(made in France)'라는 국가 브랜드를 활용해 전시회를 기획하고 수백여 기업이 참여하게 했다. 그 결과, 르노 자동차, 미슐랭 타이어 등 최근 4년간 40여 개 기업이 리쇼어링 했다.

리쇼어링 정책에서 미국을 빼놓을 수 없다. 2010년 법인세율을 38%에서 28%로 인하했고, 리쇼어링 기업의 공장 이전 비용의 20%를 보조했다. 트럼프 행정부 들어서 법인세율을 21%대로 추

미국 리쇼어링 지수 추이

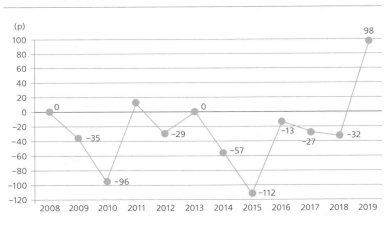

자료 : AT Kearney
주 : AT Kearney는 미국 제조업의 수입 비중(MIR, Manufacturing Import Ratio)을 계산해 매년 리쇼어링 지수를 발표

가 인하했고, 전략산업에 대해 시설 지원과 원자재 수입 관세 인하 등 적극적인 행보를 해왔다. AT 커니의 리쇼어링 지수는 2011년을 제외하면 마이너스 수준을 줄곧 유지하다가, 2019년 98p를 기록했다.

미국은 중국에 대한 GVC 의존도를 줄이고 독자적인 생태계를 구축해 나간다는 전략이다. 이를 위해 미국 본국으로 회귀하는 리쇼어링뿐만 아니라 인접 국가로 선회해 생산라인을 분산하는 니어쇼어링(Near-shoring)도 유도하고 있다. 금융 인센티브를 지원하고 250억 달러 규모의 리쇼어링 펀드를 조성할 계획이다. 미국 상원은 'CHIPS for America Act'를 추진해 반도체의 자국 생산을 위해 공장 건설과 R&D 지원 및 세액공제 등을 통해 220억 달러 지원을 실시할 계획이다.

이 밖에도 유럽 주요국과 일본 등 선진국 정부가 해외 현지법인을 자국으로 유도하고 있다. 세금 감면 등의 지원책을 통해 해외 진출 기업의 국내 유턴을 유도하고 있다. 2020년 상반기에 중국에 진출한 일본 기업 87개 사가 보조금을 받고 리쇼어링 혹은 니어쇼어링을 추진했다. 약 700억 엔에 달하는 보조금이 생산거점을 다양화해서 공급사슬을 안정화하는 데 사용되었다.

한편, 중국은 제조기지를 지키려 노력하고 있다. 2017년 발표한 '중국제조 2025'는 대표적인 대응책이다. 중국제조 2025는 로봇, 통신장비, 반도체, 의료·바이오 등 첨단 제조업을 집중적으로 육성할 계획을 담았다. 코로나19 이후에는 이 정책의 일환으로

한국의 해외직접투자 추이

자료 : 한국수출입은행 해외직접투자통계
주 : 2020년은 3월말까지의 투자실적을 기준으로 전년동월 실적 추이를 반영해 추정함.

의료장비 생산업체에 대규모 보조금이 투입되었고, 세계는 마스크 수요의 절반 이상을 중국에 의존하는 등 중국은 시장 지배력을 놓지 않으려 하고 있다. 철저하게 완화된 규제 환경을 허용하고, 공장부지를 지원하며 내수 조달을 압박하는 등의 움직임을 보이고 있다.

한국은 어떠한가? 2020년 하반기부터 가장 중요한 경제 이슈는 '리쇼어링 전쟁'이다. 세계 각국은 기업을 본국으로 회귀시키기 위한 정책에 총력을 다할 것이다. 정책과 정책의 싸움이 될 것이다. 그러나 한국 기업은 지속적으로 해외로 나가고 있다. 한국의 해외

직접투자는 2012년 이후 지속적으로 증가하고 있다. 한국의 해외 신규법인 설립 개수는 2012년 2,788개에서 2019년 3,953개로 증가했고, 투자금액은 2012년 296억 달러에서 2019년 약 619억 달러로 확대되었다.

리쇼어링 전쟁, 한국은 어떻게 이겨낼 것인가?

리쇼어링에 대한 공감대는 형성되었지만, 현실적인 유인책이 나오지 않은 상황이다. U턴 기업 지원정책을 통해 세제, 자금, 인력 등의 보조를 해주고 지원 대상의 문턱을 완화하고 있지만, 기업이 볼 때 해외 사업장을 철수할 만큼 매력적이진 않다. 어떻게 리쇼어링 전쟁에서 이길 수 있을까? 오프쇼어링 기업이 왜 오프쇼어링 했는지를 알아야 한다. 즉, 무엇이 유인이 되어서 오프쇼어링 했는지를 정밀하게 파악하고, 각각의 요소에 맞게 세분화된 정책을 제공해야 한다.

먼저, 노동력을 이유로 해외로 나간 기업은 리쇼어링 정책의 대상이 아니다. 저렴한 인건비 때문에 나간 노동집약적 산업은 규제 완화나 세제 지원을 해도 유인책이 안 된다. 10분의 1도 안 되는 저렴한 인건비를 한국에서 어떻게 보조할 것인가? 리쇼어링 정책의 대상에서 과감하게 제외할 수 있다. 물론 장기적으로 제조의 스마트화를 이루어 점진적으로 리쇼어링을 이끄는 구상이 필요하겠다.

둘째, 니어쇼어링이 대안일 수 있다. 기업이 현지법인을 두고 있는 이유가 노동력때문만이 아니기 때문이다. 바로 시장과 가까이 있어서다. 의료·위생용품과 같이 안보 면에서 중요하거나 주력 산업의 원자재 등과 같이 국가 경제적으로 중대한 산업은 GVC가 붕괴하는 과정에서도 안정적인 수급이 지속될 수 있도록 공급사 슬 구조를 안정화해야 한다. 인접국으로 니어쇼어링할 수 있도록 하는 현실적인 지원책이 필요하다.

셋째, 리쇼어링이 가능한 산업을 선별해 지원을 집중할 필요가 있다. 완화된 규제 환경과 기술 교류 등을 이유로 오프쇼어링한 고부가가치 산업이 주요 대상이 될 것이다. 경제자유구역, 자유무역 지역, 규제프리존과 같은 정책수단이 있고, 규제샌드박스나 규제자유특구 등의 장치를 활용해야 한다. 해외 현지법인이나, 해외 주요 기업들이 오고 싶어하는, 한국만 제안할 수 있는 특화된 유인책이 필요하다. 예를 들어, 5G 선도국가이고, 디지털 뉴딜의 핵심 중 하나가 5G 인프라 보급인 만큼, 5G 인프라를 활용해 R&D, 시범 운용, 서비스 개발을 시도하는 산업군이 집적될 수 있는 요충지를 마련하는 것은 어떨까?

03 / 홍콩발 홍수, 세계경제 덮치나?

'별들이 소근 대는 홍콩의 밤거리', 1954년 발표된 고(故) 금사 향의 '홍콩아가씨'는 지금까지도 대중에 익숙한 이 노랫말을 남긴 곡이다. 꽃을 파는 아가씨의 모습을 표현한 이 노래는 아름다운 홍콩의 모습을 표현하고 있지만, 이제 그런 모습은 온데간데 없어 졌다. 시위의 모습만 강하게 남아 있고, 국민과 기업은 홍콩을 떠 나고 있다.

홍콩 보안법의 경제 충격

2019년에도 홍콩 정부의 '범죄인 인도법(송환법)' 추진에 대한 반발로 민주화 시위가 일어났고, 경제가 급격히 침체했다. 2020년

홍콩 '범죄인 인도법(송환법)'

– '범죄인 인도법'은 홍콩 정부가 중국, 대만, 마카오 등 범죄인 인도 조약을 체결하지 않은 국가·지역에도 범죄인을 인도할 수 있도록 하는 내용을 담은 법안

– 홍콩 시민들은 중국 정부가 이 법을 악용해 반(反)체제 인사나 인권운동가를 본토로 강제 송환할 것을 우려하며 홍콩 정부의 송환법 입법 추진에 반발

– 2019년 6월 9일 100만 명이 참가한 이후, 캐리람(Carrie Lam) 홍콩 행정장관은 송환법을 무기한 연기하기로 발표하였으나(2019년 6월 15일), 그럼에도 불구하고 석 달 이상 지속된 거센 반대 시위에 송환법을 철회(2019년 9월 4일)

홍콩 '국가보안법(보안법)'

– 중국 입법기관 전국인민대표회의가 일국양제(한 국가, 두 체제)가 국가에 해를 끼친다는 취지 하에 2020년 5월 국가보안법 초안 제출

– 표결을 통과한 국가보안법은 (1)홍콩 내 반정부 활동 감시, (2)외국 세력의 홍콩 내정 개입 금지 등이 주요 골자

– 2020년 6월 30일 입법 절차가 완료되고 이에 홍콩 민주 진영이 반발하고 미국도 강도 높은 제재를 시작

들어 경제가 겨우 회복되는 듯하다가 코로나19 충격으로 더블 딥(Double Dip)[4]을 맞았다. 설상가상으로 중국 전국인민대표회의는 '국가보안법(보안법)'을 표결에 통과시켰고, 7월부터 발효되면서 미중 무역전쟁의 격전지가 되고 있다.

2018년까지 홍콩은 3% 수준의 성장률을 유지하며, 안정적인

---

4 더블 딥은 두 번이라는 뜻의 'double'과 급강하하다라는 뜻의 'dip'의 합성어다. 경기침체 후 회복기에 접어들다가 다시 침체에 빠지는 이중침체 현상을 말한다. 우리말로는 '이중 침체' 혹은 '이중 하락' 등으로 번역된다.

홍콩 경제 동향 및 전망

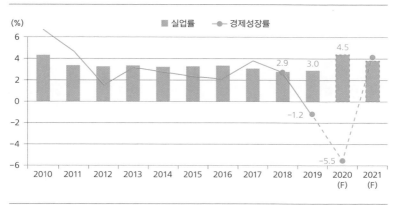

자료 : IMF, 국제금융센터
주1 : 경제성장률 전망치는 주요 9개 해외투자은행(Barclays, BoA-ML, Citi, Credit Suisse, GS, JPM, HSBC, Nomura, UBS) 전망을 집계(2020년 5월말 기준)
주2 : 실업률 전망치는 IMF(2020.4) World Economic Outlook 기준임.

경제환경을 유지해 왔다. 2019년 홍콩 경제는 −1.2%로 침체했었고, 2020년 −5.5%로 이중침체를 겪을 것으로 전망한다. IMF는 홍콩의 실업률 지표도 2019년 3.0%에서 2020년 4.5%로 급등할 것으로 전망한다. 아시아 외환위기의 충격이 있었던 1998년의 경제 상황을 재현하는 듯하다.

홍콩 경제 침체에 과연 한국경제 미동이나 할까?

"홍콩, 이 조그만 나라가 한국경제에 큰 영향을 줄까? 세계 경제에 대단한 충격을 줄까?" 많은 사람이 이런 의심 섞인 질문을 던진다. 홍콩은 올림픽이나 월드컵 같은 국제행사에서도 이렇다 할 기억에 남는 선수도 없는 작은 나라다. 홍콩은 약 750만 명의 인구

한국의 상위 10대 수출국별 수출액 및 비중 현황

(억 달러) ■ 수출액(좌) ■ 비중(우) (%)

중국 1,362 / 25.1
미국 733 / 13.5
베트남 482 / 8.9
홍콩 319 / 5.9
일본 284 / 5.2
대만 2.9
인도
싱가포르
멕시코
말레이시아

자료 : 한국무역협회
주 : 2019년 연간 수출액 기준

규모와 제주도(1,848.5㎢)보다 작은 1,106.4km²의 영토를 가진 도시국가다.

그러나 홍콩은 경제적으로 매우 중요하다. 그 단적인 증거가 홍콩이 한국의 수출대상국 4위 국가라는 사실이다. 중국, 미국, 베트남에 이서 4번째로 중요한 수출대상국이고, 일본보다도 대외거래 규모가 크다. 2019년 한국은 홍콩에 319억 달러를 수출했고, 이는 전체 수출의 5.9%나 차지한다. 홍콩은 민주화 시위 이전인 2018년까지만 해도 한국 총 수출액의 7.6%나 차지했다. 2014년 이후로 줄곧 일본 수출액을 초과하고 있다.

또 한 가지 드는 의문은 '그렇게 작은 나라에 왜 이렇게 많이 수출하는가?'다. 홍콩이 중계무역의 거점이기 때문이다. 홍콩은 총수입의 89%를 재수출하는 나라다. 특히 홍콩은 수입액의 50%

주요국별 홍콩 수출 및 재수출 현황

(억달러, %)

	중국	대만	한국	일본	미국
해당국 → 홍콩 … ⓐ	2,628	422	281	323	272
해당국 → 홍콩 → 제3국 … ⓑ	2,755	530	321	253	179
해당국 → 홍콩 → 중국 … ⓒ	1,109	469	276	219	112
재수출 비중 … ⓑ / ⓐ	104.8%	125.7%	114.1%	78.4%	65.6%
중국 재수출 비중 … ⓒ / ⓐ	42.2%	111.2%	98.1%	67.8%	41.0%

자료 : 홍콩통계청, 국제무역연구원.
주1 : 홍콩 달러 기준으로 공시된 수치를 평균 $HK/USD로 나누어 계산(2019년 기준)
주2 : ⓐ는 오른쪽 상단의 해당국으로부터 홍콩이 수입한 금액을, ⓑ는 해당 국가를 원산지로 하는 홍콩의 재수출액을,
ⓒ는 해당 국가에서 홍콩을 거쳐 중국으로 재수출된 금액을 가리킴

가량을 중국으로 재수출하고 있다. 주요국들의 대중국 수출 거점으로서의 역할을 수행하고 있어 전략적 가치가 높다.

한국의 경우 홍콩 수출액의 114.1%가 재수출되고 있다. 재수출 비중이 100%를 초과하는 이유는 하역료, 보관비용, 중개 수수료 등의 마크업(Mark-up) 비용이 부과되기 때문이다. 특히, 중국으로 향하는 재수출이 98.1%를 차지할 만큼 압도적이다. 홍콩은 중국과의 접근성이라는 장점 외에도 특별무역 지위로 법인세[5]가 낮고, 부가가치세 환급과 같은 절세 혜택[6]이 있다. 그 뿐아니라 환율이 안정적이고, 결제통화도 편리하며, 금융·항만·항공과 같은 국제금융 및 물류 허브로서의 이점도 있다.

---

5 법인세율 : 홍콩 16.5%, 한국 22.0%, OECD 평균 23.4%
6 이자, 배당, 양도소득에 비과세하며 상속세·증여세도 없고 주요국에 비해 낮은 세율 유지

홍콩 엑소더스(Exodus, 대탈출)

홍콩 국민은 시위와 행진을 이어가고, 당국은 이를 저지하고 체포하고 있다. 홍콩이 정치·경제·안보·정서적으로 불안정해짐에 따라 국민이 나라를 떠나고 있다. 1997년 홍콩이 영국에서 중국으로 반환된 이후 영국령 시대의 법과 제도가 거의 유지되고 있을 만큼, 중국은 홍콩에 자치권을 보장해 왔다. 그러나 홍콩 보안법 제정으로 자치권이 상실됨에 따라, 홍콩 국민은 불안정한 나라를 떠나는 이탈을 시작할 것으로 보인다. 사실 2019년 송환법 반대 시위 당시부터 대탈출이 시작되었다고 판단된다. 더 중요한 것은 기업의 이탈이다.

홍콩 보안법은 2020년 7월 발효되었고, 미국은 7월 14일(현지시간) 워싱턴 백악관에서 기자회견을 갖고 홍콩에 부여한 특별지위를 박탈하는 행정명령과 홍콩 자치권을 훼손하는 데 관여한 중국 관리를 제재하는 법안에 서명했다. 이로써 홍콩은 중국과 똑같은 교역국이 되었고, 미중 무역전쟁이 확산함에 따라 직접적인 영향도 받게 될 것이다. 이에 따라 세제 부담 및 물류비용 등에서 직간접적인 타격을 받지 않도록 기업들의 이탈이 본격화할 것으로 보인다. 지금까지는 홍콩을 경유하는 것이 중국에 직접 수출하는 것보다 유리했지만, 이제 기업들의 수출 전선에 차질이 생기게 된 것이다.

반도체는 무관세 제품이기 때문에 중국 직수출로 전환할 수 있지만, 금융 및 물류비용이 가중된다. 한국의 홍콩 수출액에서

한국의 대홍콩 품목별 수출입 현황

(백만달러, %)

	수출금액		수입금액	
	품목	금액(비중)	품목	금액(비중)
1	반도체	22,287(69.8)	반도체	935(52.5)
2	석유제품	1,096(3.4)	컴퓨터	162(9.1)
3	화장품	928(2.9)	금·은	127(7.2)
4	컴퓨터	696(2.2)	무선통신기기	71(4.0)
5	합성수지	585(1.8)	어류	48(2.7)
6	선박	584(1.8)	동제품	38(2.1)
7	금·은	476(1.5)	그림	31(1.7)
8	기구부품	421(1.3)	축전기	22(1.3)
9	무선통신기기	379(1.2)	광학기기	18(1.0)
10	광학기기	317(1.0)	플라스틱제품	18(1.0)

자료 : 한국무역협회, 국제무역연구원
주 : 2019년, MTI 3단위 기준임

69.8%가 반도체라는 점에서 반도체 수출전략에 상당한 차질이 생긴다. 그 밖에 석유제품, 화장품, 컴퓨터 등의 품목이 홍콩을 경유해 왔었지만, 더욱 까다로운 중국의 통관 및 검역을 거쳐야 한다. 물론, 중국도 홍콩을 경유해 미국에 상당 비중의 수출을 지속해왔기 때문에, 중국과의 수출 경합도가 높은 품목을 중심으로 대미 수출을 확대할 수 있는 반사이익도 기대할 수 있다.

홍콩에 진출했던 세계 주요 기업들의 현지 법인이 이탈을 시작할 전망이다. 2020년 현재 한국의 10대 그룹 해외 법인이 약 545개사에 이르는데, 이중 홍콩 법인이 83개 사에 달하는 것으로 조사되었다. 앞으로 기업들이 더이상 홍콩에 머물 이유가 사라지게 된다. 결국, 홍콩 국민의 이주도 가속화될 것이다. 이미 대만 정부는 홍콩 국민의 대만 이주를 지원할 방침을 마련하고 있고, 영국도 30만여 명의 시민권 취득을 지원하겠다고 밝혔다.

대외 환경 변화에 대응하라

미국과 중국 등 주요국이 홍콩을 두고 어떻게 싸움을 이어갈지를 생각해보자. 시나리오를 그려보고, 상황에 맞게 적절한 대응책을 강구해야 한다. 먼저, 미국이 홍콩에 대한 경제 제재를 강화할 경우다. 이 경우 홍콩을 재수출을 위한 중계무역국으로 활용하기 어려워진다. 기업들의 수출 전략에 차질이 생기고, 홍콩을 경유하지 않는 직수출로 전환할 경우 비용이 가중된다. 대체 해운 및 항공운송편 확보 문제와 같은 단기적 차질도 예상된다. 기업들의 이러한 차질과 혼선을 줄일 수 있는 정책 지원을 마련해야 한다.

한편, 홍콩이 금융 및 물류허브로서의 기능을 상실하는 경우에 대한 중장기적인 관점에서의 대응도 필요하다. 미국과 중국이 강대강으로 대치할 경우, 홍콩은 중계무역 기지로서의 역할이 축소될 것이다. 중국의 종합계획에는 이미 하이난 자유무역항을 건설해 홍콩을 대체할 허브를 마련하고자 하는 구상이 담겨 있다. 하이난 국제 경제개발국(Hainan International Economic Development Bureau)은 투자와 교역을 촉진하고, 자본과 노동력의 이동을 자유롭게 할 계획이다. 재수출 거점의 변화와 새로운 기회를 포착해 나가야 하겠다.

마지막으로, 홍콩을 떠나는 기업을 한국으로 유인하는 노력도 필요하다. 경제자유구역을 혁신적으로 개선함으로써 글로벌 기업들을 유치해야 한다. 경쟁력 있는 세제 환경과 규제로부터 자유로운 경영 활동을 보장하고, 우수 인력에게 매력 있는 정주 여건을 조성하는 등의 노력이 요구된다. 국내 디지털 인프라를 활용할 수 있는 R&D 집적단지를 구축하는 것도 고려할 만하다. 홍콩 이탈을 적극적으로 검토하는 한국 현지 법인들도 국내로 리쇼어링 할 수 있도록 이끄는 방안을 마련해야 한다.

04 / 디지털 통화 경쟁 : 중앙은행 디지털 화폐를 중심으로 한 미중 무역전쟁

화폐의 변화가 일고 있다. 화폐는 거래를 매개하는 수단이다. 거래의 주된 수단이 동전과 지폐에서 신용카드로 전환된 지 이미 오래다. 2019년 신용카드 이용 비중은 43.7%로 현금 이용 비중(26.4%)을 압도하기 시작했다. 모바일 쇼핑이 급격히 증가하면서, 신용카드에서 핀테크 기반의 간편결제로의 전환도 가속화하고 있다. 2021년은 중앙은행이 발행하는 화폐마저 아날로그에서 디지털로 전환하기 시작하는 분기점이 될 전망이다.

지급수단별 이용 비중(건수기준)

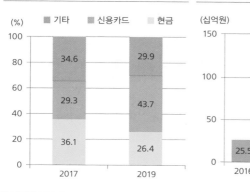

간편결제 서비스 이용 금액 추이

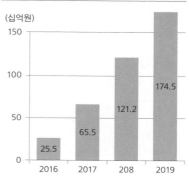

자료 : 한국은행
주 : 기타에는 체크·직불카드, 계좌이체, 모바일카드, 선불카드·전자화폐가 포함됨.

디지털 화폐란 무엇인가?

디지털 화폐(Digital Currency)란 금전적 가치가 전자적 형태로 저장, 이전 또는 거래될 수 있는 통화를 의미한다. 최근 블록체인, 빅데이터 등의 기술이 발전하고 다양한 영역에 걸쳐 적용되는 과정에서 다양한 디지털 화폐가 발행되고 있다. 아날로그식 현금에서 디지털 기반 화폐로의 전환이 일어나고 있는 것이다.

디지털 화폐는 크게 암호화폐(Cryptocurrency), 스테이블 코인(Stable Coin), 중앙은행 디지털 화폐(CBDC: Central Bank Digital Currency)로 구분된다. 암호화폐는 블록체인을 기반으로 분산 환경에서 암호화 기술을 사용해 만든 일종의 디지털 자산이다. 암호화폐는 가격변동성이 매우 커 화폐를 대체하기 어렵다는 등의 단

디지털 화폐의 분류와 특징

	암호화폐	스테이블 코인	중앙은행 디지털 화폐
발행주체	없음(탈중앙화)	민간 기업	중앙은행
감독방식	명확한 감독관리 기관 없음	여러 국가가 감독관리에 관여	정부 직접 감독관리
특징	익명성	·	익명성 제어 가능
가치	불안정 – 수요공급에 의해 정해짐	안정 – 통화가치와 연동	안정 – 통화가치와 연동
사례	비트코인(Bitcoin)	리브라(Libra), 테더 (Tether), JPM Coin	중국 CBDC

점이 있다. 스테이블 코인은 암호화폐의 단점을 보완해 민간 기업들이 가격변동성을 최소화하고 통화와의 일정한 교환비율을 설정한 화폐다. 보통 1코인이 1달러의 가치를 갖도록 설계했다. 다만 정보의 주체가 민간이 된다는 점에서 정책적으로 통제가 어렵다는 단점이 있다. (본서는 중앙은행 디지털 화폐에 집중하기 위해, 암호화폐와 스테이블 코인에 관한 깊은 설명은 피하기로 한다.)

중앙은행 디지털 화폐는 중앙은행 내 지불준비금예치금이나 결제성 예금과는 별도로 중앙은행이 전자적 형태로 발행하는 새로운 화폐[7]를 가리킨다. 중앙은행에서 발행하고 정부가 직접 관리 감독한다는 면에서 안정성이 높다. 암호화폐는 익명성이 보장되어 있어, 자금세탁, 탈세와 같은 불법적 용도로 활용될 수 있다는 단

---

7 "A CBDC is a digital form of central bank money that is different from balances in traditional reserve or settlement accounts." – BIS(2018.3), 「Central Bank Digital Currencies」

점이 있으나, 중앙은행 디지털 화폐는 통제가 가능하다. 즉, 거래의 익명성을 보장할 수도 있으나, 필요에 따라 익명성을 제한하는 것도 가능하다. 특히, 기존의 화폐를 대신할 수 있어 '현금 없는 사회'로의 이행을 가속화할 수 있고, 물가안정 등과 같은 통화정책의 수단으로 활용할 수 있다.

중국은 왜 '디지털 위안화'를 추진하는가?

최초의 중앙은행 디지털 통화는 중국으로부터 발행될 것으로 보인다. 중국 인민은행은 2014년 세계 최초로 중앙은행 디지털 통화 연구팀을 구성했고, 2017년에는 디지털 화폐 연구소를 설립했으며, 2020년 2월 84건의 특허를 출원했다. 코로나19로 2022년 2월 베이징 동계올림픽 개최가 불확실한 상황이지만, 중국은 이 시기에 맞춰 디지털 위안화를 전면 도입할 계획을 세웠다. 중국 인민은행은 광둥성 선전, 장쑤성 쑤저우, 허베이성 슝안 신구, 쓰촨성 청두 등의 도시에 걸쳐 디지털 위안화 실증 시험에 들어간 상황이다. 2020년 5월부터 공무원 급여 지급이나 교통 보조금, 식음료·유통업 등 다양한 영역에 걸쳐 활용하면서, 스마트 시티(Smart City)의 모습을 구현하고 있다.

중국 인민은행은 현금 없는 사회로의 이행을 앞당겨, 화폐 관리 비용을 절감할 뿐만 아니라, 위조 및 자금세탁 방지 등을 통해 지하경제 양성화를 이룰 계획이다. 특히, 중국 내 주요 민간기업(텐센트, 알리바바 등) 등에 대한 금융시스템 의존도를 축소하는 데도

중국 인민은행 디지털 화폐 발행 및 활용 개념도

의미가 있다고 판단하고 있다. 현금은 오프라인 환경에서 활용되고, 카드·전자결제·핀테크는 각 회사들이 지급결제 및 송금 등의 정보를 보유하고 있어 중앙은행이 통제하기 어려운 영역이지만, 중앙은행 디지털 화폐는 관리·감독이 가능하다는 특징이 있기 때문이다.

　미중 무역전쟁이 코로나19 이후 재점화함에 따라, 중국은 대응책을 마련하는 과정에서도 디지털 위안화를 활용할 것으로 보인다. 미국이 이란 등과 같은 나라에 경제 제재를 가해 주변국과의 경제교류를 차단하는 것처럼, 중국 입장에서는 미중 무역전쟁이 가장 격화된 상황을 고려해 대응책을 마련하는 모습이다. 즉, 디지털 화폐를 이용해 위안화 기반의 대외거래를 확대하려는 것이다. 중국은 수년간 위안화의 국제화를 추진해 왔지만, 사실 뚜렷한 성과가 나타나지는 않았다. 세계 외환시장에서 중국 위안화의 비중은 2.2%에 불과하다. 유로화, 엔화, 파운드화 등 주요 통화들의 영향력이 쇠퇴하고 있는 반면, 미국 달러화는 44.2% 수준의 외환시

세계 외환시장에서 주요국 통화의 비중 변화

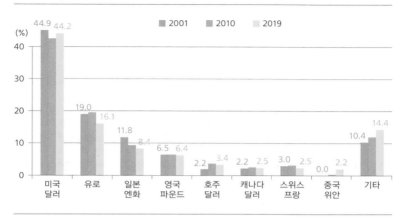

자료 : BIS Triennial Central Bank Survey(2019.12)
주 : 일평균 장외외환거래량, 역내외간 쌍방 거래로 거래량의 합이 200%이나 이를 100% 기준으로 환산함

장 거래 비중을 유지함으로써 기축통화로서의 영향력이 흔들리지 않고 있다.

　미국 달러 중심의 국제금융 질서에서 중국 위안화의 영향력을 확대하는 데 중앙은행 디지털 화폐가 유용하게 활용될 것으로 보인다. 특히, 중국은 일대일로 사업 등에 참여하는 국가와 기업이 디지털 위안화를 사용하도록 환경을 조성해 위안화 국제화를 추진할 것으로 분석된다. 실제 중국 인민은행은 페이스북이 디지털 화폐 '리브라' 프로젝트를 발표하는 등 미국의 금융 지배력이 확장될 것을 우려하면서 디지털 위안화 사업을 더욱 앞당기는 모습이다.

중국만이 아니다 – 주요국 디지털 화폐 경쟁
사실 중앙은행 디지털 화폐는 민간 기업의 움직임에 대응하기

위해 시작되었다고 해도 과언이 아니다. 페이스북은 2019년 6월 리
브라 백서를 통해 2020년 상반기 디지털 화폐 서비스를 시작하겠
다는 계획을 발표했다. 월간 활성화 사용자가 약 30억 명에 달하는
페이스북은 세계 인구의 1/3 이상이 송금, 결제를 포함해서 매우
저렴하고 편리한 금융서비스를 이용하도록 할 계획이었다. 미국 달
러뿐만 아니라 유로, 엔화, 영국 파운드화 등으로 구성된 바스켓에
단일통화를 연동시킨 페이스북의 '글로벌 통화' 구상은 일단 유보

2019년 페이스북의 리브라 출시 계획에 대한 주요 반응

국가 및 기관	반응
G7	– G7 워킹그룹 : 글로벌 스테이블 코인이 통화정책, 금융안정, 국제 통화시스템, 공정경쟁에서 위험을 초래할 수 있고, 적절한 규제로 해결되기 전까지는 운영되어서는 안 됨(2019.10).
FSB (금융안정위원회)	– 글로벌 스테이블 코인은 국내통화 대체 문제, 소비자 및 투자자 보호, 데이터 프라이버시 및 보호, 자금세탁 방지(AMI), 테러자금 조달방지(CFT), 반독점법 문제 등에 많은 도전을 제기하며, 높은 규제기준 및 철저한 감독을 받아야 함(2019.10)
미국	– 의회 : 리브라가 미 달러에 미치는 영향, 시스템 위험성, 자금세탁, 데이터 프라이버시 보호 등에서 우려를 표명(2019.7) – 맥신 워터스(Maxine Waters) 하원 금융서비스위원장은 리브라에 대한 의회 위험 검토가 완료될 때까지 개발 중단을 요청하는 공식 서한 발송(2019.7)
영국	– 정보위원회 : 리브라 개인정보 취급 관련 정보공개 요구 공동성명 발표(2019.8)
독일·프랑스	– 재무부 : 통화주권 침해와 금융리스크를 우려하며 공동반대성명 발표(2019.9)
스위스	– 금융감독청 : 리브라 등 스테이블 코인 규제 프레임워크 발표(2019.9)
한국	– 한국은행 : 주요국 중앙은행과 BIS(국제결제은행), FSB(금융안정위원회) 회의 참여 등을 통해 국제사회의 리브라 규제 논의에 적극 참여할 계획 발표(2019.10)

자료 : G7 Working Group on Stablecoins(2019); FSB(2019); 한국은행(2020); KIEP(2020)

되었다. 국제 통화 질서와도 맞물리는 이슈였기 때문에 세계 각국이 반대했고, 무엇보다도 미국의 규제 당국이 허락하지 않았다. 페이스북은 2020년 4월 수정백서를 발간했고, '리브라 페이'라는 간편결제 서비스로 전략을 전환했다.

유럽에서는 중앙은행 디지털 화폐 발행계획을 발표하지는 않았으나, 각국이 직면한 상황에 따라 연구를 진행 중에 있다. 스웨덴, 아이슬란드, 터키는 중앙은행 디지털 화폐의 시범 운영을 준비하고 있다. 특히, 스웨덴은 현금 사용량이 줄면서 중앙은행 차원에서 안전한 결제시스템을 정착시키기 위해 e-크로나(스웨덴 중앙은행 디지털 화폐)를 시범사업으로 실험하며 미비점을 보완해 나가고 있다. 최근 스웨덴은 국제기구 활동에 자금 지원을 가능하게 하는 등의 국내법 개정을 국회에 요청해, 국제결제은행(BIS, Bank for International Settlements)의 디지털 화폐 혁신 허브(BIS Innovation Hub)를 유치하려 하고 있다. 유럽중앙은행(ECB)도 유럽의 18개 중앙은행 전문가 네트워크인 EURO 체인(Chain)을 중심으로 중앙은행 디지털 화폐를 연구하고 있다.

미국과 일본은 최근 태세를 전환한 모습이다. 중국이 중앙은행 디지털 화폐에 적극적인 움직임을 취하고, 유럽 주요국이 대응하고 있으며, 그 밖에도 우루과이, 바하마, 캄보디아 등의 국가도 시범운영을 시작했기 때문이다. 그동안 소극적이었던 일본은행(BOJ)는 2020년 7월 3일 실증 및 시범 운영 사업을 진행하겠다고 발표했다. 미국도 당초 매우 소극적인 입장이었으나, 최근 제롬 파

월 연준(Fed) 의장이 "중앙은행 디지털 화폐에 앞장서는 것이 Fed
의 책임"이라고 표현하는 등 기조의 변화가 시작되었다.

미국은 싱크탱크 기관인 '디지털달러재단(Digital Dollar
Foundation)'을 설립해 미국 달러의 디지털화를 연구하기 시작했
고, 2020년 5월에는 디지털 달러 백서를 발표했다. 최근 중국의 디
지털 화폐 주도를 막기 위해서라도 리브라가 필요하고, 사법당국
의 관리감독이 가능할 수 있도록 투명성을 강화하는 새로운 규제
를 제시해 대응에 나설 가능성이 제기되고 있다. 실제로, 2020년
을 기점으로 세계적으로 중앙은행 디지털 화폐에 대한 평가가 부
정에서 긍정으로 전환하기 시작했다. 2019년까지는 세계 주요 세
미나, 포럼, 정부 발표들이 중앙은행 디지털 화폐에 부정적 평가가

중앙은행 디지털 화폐에 관한 국제적 평가의 기조 변화

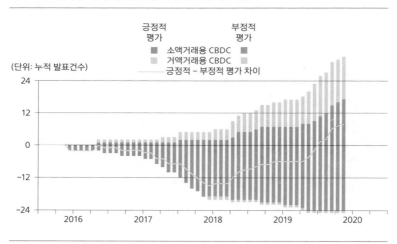

자료 : BIS

지배적이었으나, 2020년부터 긍정적으로 바뀌고 있다.

디지털 화폐 경쟁 시대의 대응

첫째, '현금 없는 사회'로의 전환에 대응해야 한다. 오프라인 쇼핑에서 온라인쇼핑으로의 전환, 비대면 서비스의 보편화, 생체인식 기술과 핀테크 고도화 등의 배경 하에서 현금 없는 사회로의 전환이 일어나고 있었지만, 디지털 화폐가 이 전환을 앞당길 것으로 예측된다. 금융산업과 유통산업은 물론이고 산업 전반에 걸쳐 변화하는 결제 환경에 맞게 비즈니스 모델을 개편해야 한다. 중앙은행 디지털 통화가 사용될 경우, 송금 서비스나 직불카드 등의 기존 산업이 구조조정될 수 있기 때문이다. 정부는 전통시장을 비롯해 지역 소상공인이 변화에 느리게 대응해 소비자로부터 외면받지 않도록 하는 인프라 지원과 교육 프로그램을 마련해야 한다.

둘째, 세계 통화 패권의 움직임에 대응할 필요가 있다. 각국의 중앙은행 디지털 통화가 발행되기 시작하고, 리브라, 테더(Tether), JPM 코인과 같은 민간 기업 중심의 스테이블 코인이 글로벌 통화로 등장할 미래가 멀지 않다. 디지털 화폐가 수출입 거래의 회계단위가 되고, 결제대금의 청구 기준이 되면, 환율이 국제 무역에 주는 영향력이 약화할 것으로 판단된다. 미국은 패권을 유지하려 노력하고, 중국은 패권을 빼앗으려 노력할 것이다. 경제적으로 중요한 양국의 전쟁 속에서 한국은 어떤 통화에 기초해 대외거래를 지속할지에 대한 중장기적 과제를 풀어나가야 한다.

셋째, 디지털 통화 개발 및 정책적 활용을 본격적으로 논의해야 한다. 국내 여건에 맞는 디지털 통화를 개발하고, 기존에 이행해 왔던 한국은행의 '동전 없는 사회' 시범 사업과 연계해 테스트를 시도해야 한다. 각종 지원금을 제공하거나 공적 서비스 이용에 활용하는 정책도 고려할 수 있다. 불법 자금을 추적하는 등 지하경제 양성화를 위한 정책으로서도 제 역할을 수행할 것이다. 한편, 물가안정 및 경기부양을 위한 통화정책의 수단으로서도 활용될 수 있다는 점에서 중앙은행 디지털 통화의 개발이 필요하다. 만약 글로벌 디지털 통화가 도입될 경우 바스켓에 포함된 화폐에 대한 수요는 증대하고, 포함되지 않은 국가에서는 자본 유출이 일어날 수 있다. 이러한 다양한 시나리오의 전개를 먼저 예상하고, 상황에 맞는 범국가적 대응 전략이 모색되어야 하겠다.

05 / 트럼프 행정부 제2기 vs 바이든 신정부

역사적인 순간이다. 2020년 미국 대통령 선거가 2020년 11월 3일에 실시된다. 공화당 대선후보 도널드 트럼프 대통령과 민주당 조 바이든 전 부통령, 두 후보의 치열한 경쟁이 진행 중이다.

미국 대통령 선거는 미국 국민의 결정이지만, 세계경제에 영향을 미친다. 이 결정은 2021년 이후 미국의 경제, 산업, 외교, 국방, 기술, 교육 등 전 분야의 정책 기조를 형성한다. 또한, 이 결정은 미국경제를 넘어서 세계경제에 그리고 한국경제에도 상당한 영향을 준다. 미중 무역분쟁을 포함한 보호무역주의, 온실가스 저감 노력을 포함한 저탄소사회화, 인종과 문화적 갈등을 포함한 사회문화, 리쇼어링 정책을 포함한 자국우선주의, 첨단 기술(인공지능, 빅데이터 등) 선점 경쟁을 포함한 패권주의 등 주요한 글로벌 현안에 걸쳐 어떤 흐름이 나타날지를 가늠케 해준다. 그런 의미에서 두 대통령 후보의 정책 기조를 이해하는 일은 매우 중요하다.

트럼프 vs 바이든 지지율 추이

대선후보 수락 연설에서 바이든이 트럼프보다 앞섰다. 트럼프와 바이든의 대선후보 수락 연설을 시청한 미국인이 각각 약 2,160만 명, 2,460만 명으로 나타났다(로이터통신, 2020년 8월 28일)[8]. 트럼프가 약 300만 명 밑돈 결과다.

지지율에서도 바이든이 앞선다. 미국 정치전문매체 RCP(Real Clear Politics)가 8차례의 여론조사 내용을 집계한 결과, 바이든의 지지율이 평균 49.6%로 트럼프(42.5%)를 7.1%p 앞서고 있다. 미국을 대표하는 여론조사 결과다. RCP는 2020년 8월 25일 현재 기준 바이든이 50%, 트럼프가 42%의 지지율을 보이고 있다고 발표했다. 상당히 안정적인 격차를 유지하며 바이든이 앞서고 있다.

한편, '현직 대통령 프리미엄'을 무시할 수 없다. 그래서 트럼프의 낙선을 장담할 수 없기도 하다. 1990년대 이래로, 미국 대통령 재선에 실패한 사례는 한 번뿐이다. 조지 H. W. 부시 대통령은 1992년 재선에 실패한 유일한 사례다. 코로나19에 적시 대응을 못 했다는 점에서 트럼프의 지지율이 크게 추락했지만, 재선을 앞

---

8 조사 결과는 9개 TV 방송국의 시청 결과를 취합한 초기 추정치이고, 온라인 시청자는 포함되지 않았다.

2020 미국 대선 지지율 추이

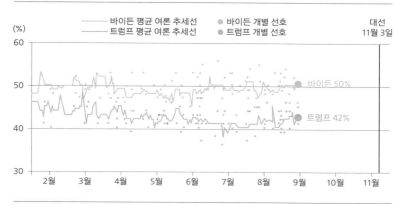

자료 : BBC, Real Clear Politics. (https://www.bbc.com/news/election-us-2020-53657174)
주 : 2020년 8월 25일 여론조사 결과

두고 코로나19 치료제나 백신 개발에 성공하는 이벤트가 발생할 수도 있다. 트럼프는 백신 개발 프로젝트 '초고속 작전(Operation Warp Speed)'을 진행하고 있다. 사실 미국 제약사 모더나(Moderna)는 2상 임상실험 결과 전 연령대에 걸쳐 백신 후보 물질을 투여해 바이러스를 무력화하는 항체가 형성되었다고 발표했고, 3상 실험을 진행해 10월 중 결과를 발표할 계획이다. 정부가 모더나에 투자한 금액은 총 25억 달러(약 3조 원)에 달하고, 15억 달러 규모의 백신 공급 계약을 맺어서 1억 회 분량의 백신을 확보했다.

　더욱이 경제 부문 지지율은 트럼프가 앞선다. 총괄 지지율은 트럼프가 낮지만, 경제 분야만 떼어놓고 보면 지지율이 48%로 바이든(38%)보다 10%p 높다. 재선에 성공한 역대 대통령과 비교해도 낮은 편이 아니다. 2004년 조지 W. 부시 대통령과 2012년 버락 오바마 대통령은 50%가 안 되는 경제 부문 지지율로도 재선에 성공했다. 2020년 경기 부양을 위해 늘어난 유동성에 더해 초저금리 기조 등으로 주식투자자가 많이 늘어났고, 대선까지 증시 거품이 꺼지지 않는다면 상당한 지지를 이끌어낼 수도 있다. 트럼프 역시 낮은 금리와 주가 상승 등을 자신의 선거운동 맨 앞에 내세우고 있다.

트럼프 vs 바이든 주요 공약

트럼프의 경제 아젠다가 "America First"라면, 바이든은 "Buy American"을 제시하고 있다. 철저하게 자국만을 우선하는 정책을 고집한 트럼프는 결과적으로 미국을 곤경에 처하게 했다는 비판을 듣고 있다. 바이든은 이에 맞서 동맹국들과 우호적 관계를 형성하되, 연방정부가 미국산 제품과 서비스를 우선적으로 구매하도록 하는 Buy American(미국산우선구매법)을 추진할 것을 주요 공약으

미국 역대 대통령 재선 직전 경제 관련 지지율 추이

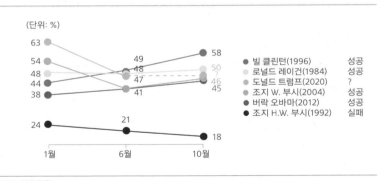

자료 : 외신 종합

BIDEN ←2m→ TRUMP

자료 : Shutterstock

로 제시했다. 2008년 글로벌 금융위기의 충격으로부터 회복하기 위해 오바마 행정부는 약칭 경기부양법(Recovery Act)[9]을 시행했는데, 이중 Buy American 조항이 있었다. 경기부양법 1605조에는 '철강 및 모든 공산품이 미국산이 아닐 경우 공공건물의 건설, 개조, 유지보수에 사용될 수 없다'고 명시되어 있다. 당시 주요 선진국들은 이 조항이 WTO 정부조달협정상 의무 위반이라고 강하게 비판했고, 보호무역주의 논란이 크게 불거졌었다. 바이든도 자국주의를 표방하지 않는 모습을 취하고 있지만, 관세가 아닌 우회적인 방법으로 미국을 우선하고 있는 것이다.

트럼프가 재선될 시 지금까지 추진해왔던 정책들을 지속할 것으로 보이고, 바이든이 당선될 시 국정을 어떻게 운용할 지는 그의 정책공약으로 예상해 볼 수 있다. 두 후보의 부문별 정책 기조를 비교하며 2021년 이후에 미칠 경제적 영향을 감지해 보자.

---

9 법의 원 명칭(full name)은 "미국회복및재투자법"(ARRA : American Recovery and Reinvestment Act)이다.

(1)조세 정책: 트럼프는 2018년 법인세율을 35%→21%로 인하하고, 개인소득세율도 10%~39.6%→10%~37%로 조정했다. 트럼프가 재선될 시 현행의 조세정책을 유지할 것으로 예상된다. 트럼프는 효율성과 성장을 강조하고 있어 '기업 하기 좋은 나라'를 목표로 하고 있다. 반면, 바이든은 현행 법인세율을 21%→28%로 인상하고, 개인소득세는 2018년 이전 수준으로 다시 돌려놓겠다고 공약했다. 즉 형평성과 분배를 강조하는 정책 기조로, 축적된 부가 '공정하게 배분되는 나라'를 목표로 하고 있다.

(2)환경·인프라 정책: 트럼프와 바이든은 환경정책 영역에서 극명한 차이를 보인다. 2017년 6월 트럼프 행정부가 자국의 재정, 경제적 부담을 이유로 파리협약[10] 탈퇴를 공식적으로 선언했다. 당시 중미의 니카라과, 내전이 소강상태로 접어든 시리아도 가입 서명을 하면서 미국은 세계 유일의 파리협정 불참국이 되었다. 트럼프 정부는 이처럼 환경을 무시하고, 화석연료 개발과 사용을 장려한다. 트럼프는 2조 달러 규모의 인프라 계획을 마련할 것으로 공표했는데, 송유관이나 도로 확장 및 원유시추 같은 대형 건설사업 추진에 적극적이다. 바이든은 4년간 2조 달러 규모의 인프라 분야 지출을 계획하고 있다. 다만 신재생에너지 사업에 집중할 것이다. 파리협약에 재가입하고, 탄소 배출을 억제하며, 태양광 및 풍

---

10 파리협정(Paris Agreement)은 2015년 12월 13일 195개 당사국 모두 온실가스 감축을 이행키로 합의해, 기후변화 문제에 대한 국제적 합의가 마련된 역사적 이벤트다. 2020년 이후 출범할 신기후변화체제에 대한 합의를 이루어 2100년까지 전세계 평균 기온의 상승폭을 2℃ 이하로 유지하는 것을 목표로 한다.

력 발전 인프라 보급을 적극 추진할 계획이다. 2035년까지 발전의 100%를 신재생에너지로 전환할 것을 목표로 하고 있다.

(3)경제 정책: 트럼프와 바이든은 중국에 대해 강경한 기조를 가지고 있다는 공통점이 있다. 다만 그 정도와 방향은 다르다. 트럼프는 자국우선주의이고, 바이든은 동맹주의다. 트럼프는 중국에 대해 매우 적대적이지만, 다른 나라에 대해서도 강경한 태도를 보이고 있다. 한국 등의 우방국에 방위비 분담액 인상을 강행하고, 북미자유무역협정(NAFTA) 등 경제협력국들과의 FTA의 파기·재협상을 추진하며, EU와도 무역분쟁을 확대해 오고 있다. 반면 바이든은 동맹국과 연대해 중국에게 압박을 가할 전략을 취하고 있고, 중국 외 지역에 대해서는 상대적으로 유화적이라는 점에서 큰 차이가 있다. 또한, 트럼프가 관세를 수단으로 중국과 무역협상을 진행해 왔다면, 바이든은 인권, 노동, 환경 기준을 핵심적인 협상 조건에 포함할 계획이다. 결과적으로, 바이든이 당선될 때 중국 외 지역과의 무역갈등은 완화될 것으로 전망된다.

(4)보건·복지·노동: 트럼프와 바이든은 극명한 차이를 보인다. 보건·복지·노동은 분배적 영역이기 때문에 트럼프는 매우 소극적인 반면, 바이든은 적극적이라고 해석된다. 트럼프는 공공의료를 확대하는 오바마케어[11]를 지양하지만, 바이든은 오바마케

---

11 오바마케어(Obama Care, 환자보호 및 부담적정보험법[Patient Protection and Affordable Care Act])는 버락 오바마 대통령이 주도하는 미국의 의료보험 시스템 개혁 법안으로 전 국민의 건강보험 가입을 의무화하는 내용을 골자로 한다. 2014년 1월부터 시행되었고, 의료보험료를 감당할 수 없는 경우 비용을 낮춰 모든 사람이 의료보험을 저렴하게 이용할 수 있도록 하는 것이 목적이다.

트럼프 vs 바이든 주요 공약 비교

		트럼프	바이든
아젠다		– **"America First"** : 대중 관세부과 등 보호무역주의 지속	– **"Buy American"** : 연방정부 4천억 달러 규모의 미국산 제품/서비스 구매
조세	법인세	– 법인세율 21% 유지(35% → 21%로 기인하)	– 21% → 28%로 인상
	개인소득세	– 기인하(10%~39.6% → 10%~37%)	– 10%~37% → 10%~39.6%
	환경·인프라	– 2조 달러 규모 인프라 계획 – 원유시추를 위해 연방 토지를 확대 개방 – 이란/베네수엘라 생산 제재를 통해 축소 – 환경 규제 완화	– 4년간 2조 달러 투자 – 2035년까지 발전소 탄소배출 제거 – 2030년까지 모든 신규건물 탄소배출 제거 – 5년 내 태양광 패널 5억 장, 미국산 풍력발전기 6만 개 설치 – 파리기후협약 재가입 – 수압파쇄법 금지는 미포함
경제	무역/통상	– TPP 철회 지속 – 대중 무역/기술/투자전쟁 지속 – EU와 무역분쟁 확대 가능성	– 무역협상 시 인권·노동·환경 관련 기준 핵심적으로 포함 – 환율조작국에 대한 모든 수단을 동원한 조치 – 동맹국과 합세, 중국과 더욱 강한 위치에서 협상
	첨단기술	– 5G 추진에 보조금 지급 및 규제 완화	– 5G, AI 등 4년간 3천억 달러 투자
보건		– 트럼프케어(오바마케어 약화) 지속	– 현 건강보험 체계에 공공옵션을 추가함으로써 오바마케어 개선
복지		– 복지 부문 감세, 시설 지원	– 3~4살 유아에 대한 보편적 교육 – 중산층 8천억 달러 세액 공제를 통한 보육 지원 – 돌봄 서비스·유아 교육 종사자 임금 인상
노동		연방 최저임금 시간당 7.25달러 동결	최저임금 시간당 15달러로 인상

자료 : KCIF, JPM, joebiden.com, 외신 종합

어를 개선해 나갈 계획이다. 바이든은 보육·노인돌봄복지 확대에 7,750억 달러를 지출하고, 건강보험 체계에 공공 옵션을 추가하는 정책을 추진할 방침이다. 노동정책 면에서는 트럼프가 일자리의 양에 초점을 두는 반면, 바이든은 일자리의 질에 초점을 둔다. 최저임금에 대한 견해도 트럼프는 시간당 최저임금을 현행 7.25달러로 유지하고자 하지만, 바이든은 현행 기준에서 두 배 이상 인상하는 15달러를 공약으로 내세웠다.

미국 재선 결과와 우리의 대응

미국 재선 결과가 가져올 영향에 대한 시나리오를 마련해야 한다. 먼저, 대외환경에서의 변화를 그려보자. 트럼프 당선 시에는 열강들의 보호무역주의가 팽배하고, 리쇼어링 정책을 강력하게 추진하는 등 긴장감이 더욱 증폭될 수 있다. 특히, 중국의 주요 IT 기업들의 성장을 막기 위한 패권전쟁이 확대될 수 있다. 코로나19가 종식된다고 하더라도 또 다른 불확실성이 증폭되는 것이다. 바이든이 당선될 경우 자유무역주의가 확산하기 시작하고, 우방국들과의 경제협력이 강화될 수 있다. 한국은 미국과의 협력관계를 구축하는 과정에서 중국으로부터의 경제 보복을 감수해야 하는 상황에 놓일 수 있다. 그러한 공격에 어떻게 대응할지를 모색하는 것도 바이든 당선 시 선제적으로 취해야 할 준비가 될 것이다.

둘째, 재선 결과는 산업의 흥망에도 영향을 줄 것이다. 트럼프가 당선되면 현재 추진하고 있는 대규모 인프라 투자에 관심이 집

트럼프 vs 바이든 경제 이슈별 성향

후보	통상전반	대중국 통상관련	내수경제	환경/에너지
트럼프	보호 무역 옹호	• 중국에 대해 강경 대응 • 관세를 통해 무역협상을 이끔	• 부자 감세 • 법인세 감면 • 최저임금 동결	• 탄소 발생 용인 • 화석에너지 중심
바이든	자유 무역 옹호	• 중국의 문제점에 대해서 인정 • 동맹국과의 연대를 통해 해결	• 부자 증세 • 법인세 인상 • 최저임금 인상	• 저탄소 사회 구축 • 신재생에너지 확산

자료: 저자 작성.

중될 것으로 보인다. 특히, 석유화학발전, 교통 등의 대규모 인프라 사업에 자금이 몰리고, 제조업을 집중적으로 육성해 빠른 고용 회복을 유도할 것이다. 반면, 바이든이 당선될 경우 세계적으로 저탄소사회로 도약하기 위한 기후협약 등의 움직임이 가속화할 것이다. 따라서 태양광, 풍력, ESS(Energy Storage System, 에너지저장장치) 등의 신재생에너지 산업에 상당한 투자 기회가 열리는 반면, 석유정제산업이 크게 타격을 입게 될 것이다.

이밖에도 미국 선거 결과에 따라 기술, 산업, 외교, 안보에서 여러 움직임이 달라질 것이다. 오바마 행정부에서 트럼프 행정부로 바뀔 때의 변화와 불확실성을 기억해 보라. 당선자의 정책 기조를 이해하고, 그 결과에 따라 기민하게 대응하는 노력이 필요하다. 정부의 정책이나 기업의 전략뿐만 아니라, 가계의 투자 관점에서도 큰 불확실성을 주는 동시에 큰 기회를 주기도 할 것이다.

06 / 완화의 시대 : 역사상 최저금리 언제까지?

　40년 전 자장면 가격이 얼마였을까? 500원. 40년이 지난 지금 자장면 가격은 5,000원이다. 자장면의 가치가 10배 올라간 것일까? 옛날 자장면에는 돼지고기를 넣고, 요즘 자장면에는 소고기를 넣는가? 옛날 자장면에는 수입 밀가루를 넣고, 요즘 자장면에는 유기농 밀가루를 넣는가? 그렇지 않다. 자장면의 가치는 변함이 없다. 오히려 치킨, 피자, 햄버거 같은 맛있는 대체 음식이 많아져서 자장면의 가치는 상대적으로 하락하지 않았을까?

　자장면의 가치가 상승한 것이 아니라, 돈의 가치가 하락한 것이다. 500원을 주고도 자장면을 바꿀 수 있었던 옛날과 달리 현재는 500원을 주고는 자장면을 바꿀 수 없다. 최근 일어나는 주식이

자료 : The Economist(2020.3.21.)

나 부동산과 같은 자산 가격이 급등하는 것은 자산 본연의 가치가 상승하는 것도 있겠지만, 사실 더 중요한 이유는 돈의 가치가 추락했기 때문이다. 코로나19의 경제 충격에 대응하기 위해 취한 적극적인 통화정책이 돈의 가치를 하락시켰고, 이는 자산가격의 상승을 유발한 것이다.

금리는 돈의 가치를 뜻한다. 돈을 주고 물건을 사고 자산에 투자하기 때문에 돈의 가치가 어떻게 변화할지를 보는 것은 경제인의 기본이다. 경제 주체는 자산시장을 전망하기에 앞서, 금리를 전망해야 한다.

기준금리를 인상 혹은 인하하는 결정은 기조의 변화를 뜻한다. 지난달 인상하고 이번 달 인하하는 그런 가벼운 결정이 아니다. 마치 비행기가 이륙하고 착륙하는 것처럼, 한번 이륙하면 상당기간 비행하고 한번 착륙하면 상당 기간 체류하는 것이다. 세계적으로 긴축의 시대에서 완화의 시대로 이미 전환하기 시작했다. 2019년 하반기에 통화정책 기조가 본격적으로 전환하기 시작했고, 2020년에는 역사적으로 가장 적극적인 완화적 통화정책을 단행했다. 2021년에는 세계적으로 상당 기간 완화적 통화정책을 유지해 나갈 것으로 전망된다.

코로나19 이전, 이미 완화의 시대 진입

2019년 기준금리를 인상하는 긴축의 시대가 가고, 경기불황을 타개하기 위해 즉 경기부양을 위해 기준금리를 인하하는 완화의 시대가 왔다. 2008년 글로벌 금융위기 이후에는 양적완화 및 기준금리 인하 등의 강도 높은 완화적(확장적) 경제정책이 주를 이루었다. 이후 미국 경제가 상당한 수준으로 회복되면서 미국 연방준비제도(Fed)는 2015년 12월 기준금리를 인상했다. 2016년 12월에도 기준금리를 한 차례 인상했고, 2017년에는 세 차례, 2018년에는 네 차례 기준금리를 인상했다. 2019년 하반기 들어 통화정책의 기조가 변화했다. 미국 경기가 급랭하자, 미국 연준은 2019년 7월과 9월에 기준금리를 인하했다. 기준금리를 인하하기 시작하는 완화의 시대가 다시 도래한 것이다.

2019년 글로벌 경기 전망에 대한 불안감이 커지면서 세계 각

미국 경제성장률과 기준금리 추이

자료: IMF, FRB
주: 2020년, 2021년 경제성장률은 IMF의 2020년 10월 기준 전망치임.

국 중앙은행이 '비둘기(통화 완화 선호)' 신호를 짙게 내기 시작했다. 그러자 유럽, 중국, 인도, 브라질, 인도네시아, 터키, 태국 등으로 확산하는 '글로벌 금리인하 도미노 현상'이 나타난 바 있다. 한국도 마찬가지였다. 2019년 대내외적으로 경제가 매우 부진했기 때문에 7월과 10월에 두 차례 기준금리를 인하해, 역사적으로 가장 낮은 1.25% 기준금리 시대에 재진입하게 되었다. 즉, 2016~2017년 동안 유지되었던 최저금리 수준으로 회귀한 것이다.

코로나19 이후, 이례적 초저금리 시대 진입

2019년 10월에 발간했던『한 권으로 먼저 보는 2020년 경제전망』에서 2020년에도 완화적 통화정책을 유지할 것으로 전망한 바 있다. 코로나19라는 '블랙스완' 같은 변수를 감안하지 않고서도 그랬다. 2020년 경기가 뚜렷한 회복을 보이지 못할 것으로 보았기에, 이러한 완화적 통화정책을 유지해 경기를 부양할 것으로 전망했던 것이다.

2020년 상반기, 코로나19의 충격은 세계 각국의 통화정책이 이례적으로 움직이게 했다. 예를 들어, 3월 4일 미국 연방준비제도는 기준금리를 0.5%p 인하했다. 0.25%p씩 금리를 조정하는 일명 '그린스펀의 베이비스텝' 원칙에서 벗어난 '빅컷'으로, 글로벌 금융위기 당시인 2008년 이후로 처음 있는 일이다. 이에 더해 3월 16일 기준금리 1.0%p 추가 인하를 단행했다. 2주도 안 되는 기간 동안 역사에 남을 일이 벌어진 것이다. 이러한 강력한 기준금리 인하카드를 2주도 안 되는 기간에 연속으로 꺼내 들었음에도 시장의 반응이 미온적이자, 미국 연방준비제도는 무제한 양적완화(Unlimited Quantitative Ease)를 발표했다. 국채와 주택저당증권(MBS)을 여건에 따라 무제한으로 매입하고, 매입 대상에 회사채까지 포함하기로 했다.

미국뿐 아니라, 세계 각국도 매우 적극적으로 대응했다. 캐나다, 영국, 호주 등의 선진국 그룹은 기준금리를 인하하고, 적극적으로 유동성을 공급했다. 유럽중앙은행과 일본은행은 이미 0%대 금리를 유지하고 있어, 상당한 수준의 유동성 공급을 진행했다. 터키, 남아프리카공화국, 멕시코, 브라질 등과 같은 신흥개도국도 매우 적극적으로 기준금리를 인하하는 등 완화적 통화정책을 단행

코로나19 이후 세계 주요국 통화정책

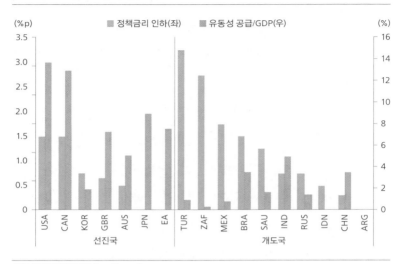

했다.

한국도 마찬가지였다. 한국은행은 2020년 3월 16일 임시 금융 통화위원회를 열고, 기준금리를 1.25%에서 0.75%로 0.5%p 인하 했다. 이로써 역사상 가장 낮은 기준금리 시대가 도래했다. 더욱 이, 임시 금융통화위원회 소집은 9.11 테러 직후인 2001년 9월과 2008년 10월 글로벌 금융위기 이후 처음 있는 일이다. 2020년 5월 28일 한국은행은 기준금리를 0.25%p 추가 인하했다. 이로써 한국 은 한 번도 경험해 보지 못한 0.5%라는 '최'저금리 시대를 맞이했 다. 더욱이 한국은행은 사상 처음으로 금융회사에 유동성(자금)을 무제한 공급하기로 결정했다. 한국은행은 매주 화요일 정례적으로

91일 만기의 환매조건부채권(RP)을 일정 금리 수준에서 매입한다. 매입 한도를 사전에 정해두지 않고, 시장 수요에 맞춰 금융기관의 신청액을 전액 공급한다.

2021년 기준금리 전망

미국, 유로존, 일본을 비롯한 세계 각국은 2020년 코로나19의 충격을 상쇄하기 위해 적극적인 경기부양책을 단행하고 있다. 2020년 하반기 들어 코로나19가 선진국을 중심으로는 안정화되고 있지만, 2차 대유행의 가능성이 있고 신흥국을 중심으로 확산하고 있어 긴장을 늦출 수 없는 상황이다. 국제기구들은 코로나19로 인한 실물경제의 충격을 복구하는 데 상당한 시간이 소요될 것으로 진단하고 있다. 이에 각국은 코로나19를 완전히 극복하는 시점까지 지금과 같은 완화적 통화정책의 기조를 유지해 나갈 것으로 전망된다.

미 연준은 2020년 7월 "미국 경제가 최근 (코로나19) 사태를 이겨내고 완전 고용과 물가 안정이란 목표를 달성하기 위한 궤도에 진입했다고 판단될 때까지 현행 금리 수준을 유지하겠다"고 강조했다. 공개시장위원회(FOMC) 위원 17명 가운데 15명이 2022년까지 제로 금리가 유지될 것으로 전망했다. 나머지 2명은 2021년까지 제로 금리를 유지하고, 2022년 기준금리가 인상될 것으로 내다봤다. 즉, 2021년 금리인상을 예상한 위원은 한 명도 없었다.

미국 통화정책의 역사에 중대한 변화가 시작되었다. 한국도 그렇지만 중앙은행의 기준금리 결정은 물가안정목표제를 따라왔다. 경제 상황을 진단하여 이상적인 목표물가(한국과 미국 모두 현재 2%)를 정해 놓고, 소비자물가상승률이 이를 벗어나면 기준금리를 조정해 물가안정을 도모한다는 것이다. 2020년 8월 27일 연준은 평균물가목표제(AIT, Average Inflation Targeting) 도입을 공식적으로 발표했다. '2% 물가'를 목표로 하는 것이 아니라, '평균 2% 물가'를 목표로 한다는 뜻이다. 즉, 물가상승률이 한동안 2%를 밑돌았다면, 일정 기간 2%를 초과해도 이를 용인하겠다는 의미다.

이는 30년 넘는 통화정책 체계의 전환이라는 면에서 몇 가지 의미를 내포한다. 첫째, 중앙은행의 목표가 물가안정보다는 경제성장에 초점을 둔다는 것을 뜻한다. 지금과 같은 저물가 상황은 경제 회복에 상당한 걸림돌로 작용하기 때문이다. 둘째, 더 이상 선제적 조치를 취하지 않겠다는 것을 의미한다. 상당 기간 물가상승세를 지켜보겠다는 취지이기 때문이다. 셋째, 물가에 대한 관점이 바뀐 것이다. 높은 물가보다 낮은 물가가 더 위험하다는 판단이다. 결과적으로 코로나19가 종식된 후 물가가 상당한 수준으로 오르더라도 기준금리를 인상하지 않겠다는 것이고, 이는 주식이나 부동산 투자자에게는 상당한 호재가 아닐 수 없다.

미국 뿐 아니라 주요국의 통화정책 움직임은 비슷하게 진행될 것으로 전망된다. 특히, 세계적으로 2020년 한해 재정정책을 적극적으로 추진하고, 대규모 인프라 사업을 통해 경기침체분을 상쇄하고자 하는 움직임이 이루어지고 있다. 이는 대규모 정부부채

한국과 미국의 기준금리 추이 및 전망

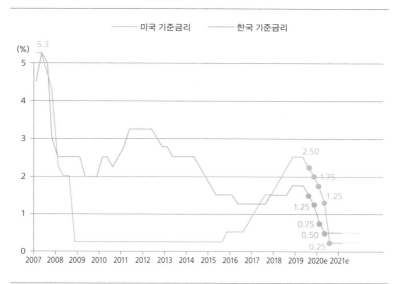

자료 : 한국은행, Fed, 국제금융센터

를 야기했고, 재정적자 문제를 어느 정도까지 해결할 수 있을 때까지 금리를 인상할 수 없는 상황을 만들었다. 이를 재정지배(Fiscal Dominance)라고 한다. 정부부채 관리 등의 재정정책 목표를 반영하여 통화정책을 운영하는 현상이 나타날 것이다. 한국도 치료제나 백신이 개발·보급되어 코로나19의 종식을 선언하거나, 그 이후에도 상당 기간 0.5% 수준의 기준금리를 유지할 것으로 전망된다.

언제쯤 완화적 통화정책이 마무리될 것인가? 세계 각국은 경기 부양효과가 나타나는 상황을 기점으로 긴축적 통화정책으로의 이행을 시도할 수 있다. 그러나 선진국들의 회복세가 뚜렷하지 못하기에, 통화 긴축으로의 이행 속도가 매우 더딜 것으로 보인다. 코로나19가 종식되는 시점에 경기가 V자 반등을 하듯 회복되기 시작하고, 수요가 급증하면서 물가도 상승할 것으로 보인다. 더욱이 2020년 한해 적자재정을 감내하며 경기부양책을 실시했던 각국은 2021년 재정건전성을 높이는 노력을 이행할 것으로 보인다. 따라서 기준금리 정상화(인상)는 경기부양 효과가 뚜렷이 나타나는 2022년 이후가 될 것으로 판단된다.

역사상 최저금리 시대, 무엇을 해야 하는가?

역사상 최저금리는 곧 역사상 최대의 투자기회다. 가계는 투자에 적극적인 자세를 취해야 한다. 돈의 가치가 하락했고 이러한 흐름이 지속하는 동안 자산의 가치는 상승할 수밖에 없다. 물이 위에서 아래로 흐르듯, 돈의 가치와 자산의 가치가 반비례하는 것은 부인할 수 없는 명제다. 코로나19의 추세를 예상할 수는 없지만, 금리의 향방은 가늠할 수 있다. 당분간 완화적 통화정책 기조를 유지하는 것은 틀림없는 사실이고, 기조의 변화가 일어나는 시점에는 백신 보급 같은 코로나19의 종식을 알리는 이슈를 포함해 충분한 시그널이 나올 것이다. 미국의 경우 시장의 혼란을 막기 위해 포워드 가이던스(Forward Guidance, 선제적 지침)를 제시할 것이다.

재테크는 '자산이 돈을 버는 것'을 말한다. 소득은 '사람이 돈을 버는 것'이다. 저금리 시대에는 통상적으로 소득의 증가 속도보다 자산 가치의 증가 속도가 빠르다. 소득으로 돈을 벌지라도 그 돈의 가치가 하락한다. 1년 동안 열심히 일하고 저축해 2천만 원을 모았다고 생각해 보자. 그동안 집 가격이 2억 원 상승했다면, 나는 정말 돈을 번 것일까?

다만 무턱대고 투자를 단행하는 것이 아니라, 경제 흐름과 트렌드를 이해하며 가치가 높게 형성될 투자 대상을 찾는 노력이 필요하다. 곧 경제전망이 필요하다. 필자는 『경제 읽어주는 남자』에서 "경제를 모르고 투자하는 일은 눈을 감고 운전하는 것과 같다"고 강조한 바 있다. 즉, 자산에 투자하기 전에 '나에 먼저 투자하라'는 말이다. 본서의 다른 장들을 바탕으로 투자의 식견과 트렌드에 대한 이해를 갖추고, 적극적인 투자 의사결정을 이행할 때다.

정부 정책은 중앙은행의 통화정책 부담을 줄이는 데 도움이 돼야 한다. 막대한 예산 지출로 과다한 국가 채무가 형성되고 있다. 앞서 강조한 재정지배는 중앙은행의 기준금리 결정에 상당한 부담을 주기 마련이다. 만일 세계 주요국이 기준금리를 인상하는 시점에, 한국만 재정지배 압력으로 금리를 정상화하지 못한다면, 외국인 투자자금이 빠른 속도로 이탈할 수 있다. 이 경우 또 다른 혼란에 빠질 수 있다. 적극적인 재정정책이 필요한 상황이지만, 반드시 세출이 세입으로 연결될 수 있도록 재정을 편성해야 하겠다. 한 단위의 추가 예산 지출이 더 많은 일자리와 민간기업의 투자로 연결될 수 있도록 하는 정책이 필요한 것이다.

기업은 정책적으로 유리하게 조성된 투자환경을 활용해야 한다. 정부는 한국판 뉴딜 정책을 통해 다양한 디지털 인프라와 친환경 에너지 인프라를 확대하고, D.N.A(Data, Network, AI) 분야의 신산업을 집중적으로 육성한다. 정부는 어떻게든 기업들의 투자를 이끌기 위한 노력에 집중하고, 완화된 규제 환경을 조성하기 위해 노력하고 있다. 여기에 더해 역사상 가장 낮은 수준의 금리는 투자에 있어 매우 매력적인 조건이 형성됐음을 의미한다. 국내외적으로 경기가 뚜렷이 회복되기 전에 코로나19 이후의 경제와 산업의 변화를 그려나가고, 그 안에서 영위할 만한 유망산업을 발굴해 적극적으로 투자를 단행해야 한다.

07 / 리질리언스(Resilience), 코로나19 위기를 기회로 바꾼 글로벌 기업들

팬데믹의 경제 충격은 세계의 많은 기업을 회생 불가능한 상황으로 몰아넣었다. 단기간의 이슈로 끝날 것 같았던 코로나19는 장기화하고 있을 뿐만 아니라, 2차 대유행 가능성 때문에 극도의 불안감을 자아내고 있다. 셧다운과 매출 감소는 충격에 대응하거나 미래를 준비할 의지마저 위축시켰다.

한편, 위기를 기회로 만든 글로벌 기업들이 있다. 이들은 코로나19의 경제 충격에 기민하게 대응했고, 포스트 코로나(Post Corona) 시대에 찾아올 구조적 변화에 대한 대응을 준비했다. 이들은 코로나19가 인류에게 마지막 전염병이 아닐 것이라고 생각했고, 따라서 언제든 찾아올 불확실성(Uncertainty)에 기민하게 대응하는 능력이 필요하다는 것을 인식했다. 리질리언스(Resilience)는 2021년 주된 경영 트렌드가 될 것이다.

리질리언스란 무엇인가?

리질리언스는 '원래의 상태로 회복하는 수준을 넘어 위기 이전보다 더 강한 경쟁력을 갖게 된다'는 뜻이다. 외부 충격을 받은 스프링이 강한 탄력으로 반응하며 원래보다 더 튀어 오르는 것처럼, 단순히 '바운스 백(Bounce Back)'에 그치지 않고 '바운스 포워드(Bounce Forward)'로 도약하는 조직의 역동적인 능력이 바로 리질리언스이다.

리질리언스가 없는 기업은 경영에 실패하거나 위기에 처하면 이를 극복하지 못하거나 극복하는 데 오랜 시간이 걸린다. 그럴 경

리질리언스(Resilience)의 의미

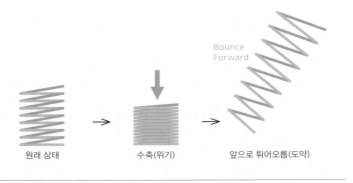

자료 : 김광석, 서태희, 이광용, 조민주(2017), 급변하는 금융산업과 리질리언스(Resilience), 삼정KPMG 경제연구원, Issue Monitor 제67호.

우 새로운 경쟁환경에서 다시 정상으로 회복하기는커녕 생존조차
도 어려울 수 있다. 따라서 기업은 리질리언스 역량을 갖춤으로써
급속한 변화의 흐름을 기민하게 파악하여 위험요소를 가려내고,
새로운 기회를 선제적으로 창출하여 기업의 영속성을 유지할 수
있어야 한다.

코로나19 위기에 리질리언스로 대응한 월마트

미국 최대의 유통기업이자 2020년 매출 규모 1위인 월마트는
코로나19 팬데믹으로 인해 위기를 맞았다. 2020년 3월과 4월에는
매출액이 각각 −5.6%, −19.9%로, 1992년 이래 가장 큰 감소폭을
기록하였다. 반면 온라인 위주의 소매유통기업의 매출액은 같은

세계 전자상거래 시장규모와 비중 추이 및 전망

자료 : Statista, eMarketer.
주 : 전자상거래 비중은 소매판매액 중 전자상거래 매출액이 차지하는 비중을 의미

기간 4.7%, 8.4% 증가하며 성장세를 유지하고 있다. 온라인 쇼핑 선호 성향은 코로나19 이전에도 확대되는 추세였으나, 이번 사태로 온라인 쇼핑으로의 전환이 가속화되기에 이르렀다.

월마트는 위기상황에 대응하기 위해 리질리언스 전략을 단행했다. 우선 폭증하고 있는 온라인 쇼핑 수요를 수용할 수 있는 인력 확보를 위해 직원들에게 약 7억 7,500만 달러의 특별 보너스를 지급하는 등 인센티브를 제공했다. 늘어난 온라인 쇼핑 수요를 충족시키기 위해 온라인으로 주문을 하고 주차장에서 픽업할 수 있는 '주차장 픽업(Curbside Pickup)' 서비스를 도입했고, 온라인 주문 시 직배송이 가능한 오프라인 매장을 일시적으로 2,500개로 확대했다.

월마트는 코로나19 이후에도 구조적으로 확대될 온라인 쇼핑 시장에 대비하기 위해 온라인 판매 서비스에 대한 역량을 강화하고, 선택과 집중을 통해 e-커머스 시장에서의 영향력을 높이고 있

월마트의 주차장 픽업(Curbside Pickup) 서비스

자료 : Walmart

다. 약 160,000여 개의 상품을 주문할 경우 2시간 안에 배달해주는 비대면 쇼핑 서비스인 '특급배송 서비스(Express Delivery)'를 런칭하고, 약 2,800여 개 매장에서 서비스를 제공하고 있다. 한편, 2016년 아마존에 대응해 옴니채널을 강화하기 위해 인수했던 Jet.com의 운영은 중단했다. e-커머스 시장에서 walmart.com의 브랜드 인지도를 활용하고자 서비스를 재설계한 것이다. 이러한 전략을 통해 월마트는 2020년 2분기 매출액 1,377억 달러로 전년동기 대비 6% 상승했으며, 특히 온라인 부문이 전년 대비 97% 성장하는 등 포스트 코로나 시대를 대비하기 위한 행보를 이어나가고 있다.

제품 라인도 변화시키는 포드의 리질리언스

포드 자동차 또한 코로나19 사태 속에서 위기를 맞이했다. 코로나19 이후 글로벌 공급망이 붕괴하기 시작하면서 부품 조달에 차질이 빚어지기 시작했고, 전 세계 제조공장이 가동을 중단했다. 이로 인해 지난 2분기 매출은 193억 달러로 전년동기 대비 50% 감소했고, 신차 판매량 또한 북미에서 61% 감소하는 등 큰 타격을 입었다.

포드는 이러한 경제적 충격을 이겨내고 위기를 기회로 바꾸기 위해서 다양한 노력을 했다. 우선, 자사의 미국 내 자동차 생산라인을 인공호흡기나 개인보호구 등 방역용품 생산 시설로 빠르게 전환하고, 마스크와 인공호흡기 등을 생산해 공급하고 있다. 또한, 과학 장비 기업과 협업하여 코로나19 진단키트를 개발하고, 자동차 실내 온도를 56도까지 올려 코로나19 바이러스를 살균하는 소프트웨어 패치를 개발해 경찰차 등에 공급했다.

중장기적으로도 미래 자동차 시장에 대비하기 위해 사업 전략을 재편했다. 포드는 2019년부터 폭스바겐 그룹과 파트너십을 체결하여, 전기차와 자율주행차, 고객 서비스 부분에서 협력 관계를 이어나가고 있다. 이를 기반으로 전기차, 자율주행차, 모빌리티 서비스와 같은 스마트 모빌리티 중심으로 사업을 재편하고 있다. 포드는 2022년까지 총 40종의 전기차와 하이브리드카 라인업을 완성하고자 세부사업들을 이행하고 있다.

언택트 서비스로 대응한 폭스바겐

연 매출이 556억 8,000만 유로(약 78조 원)에 달하는 폭스바겐은 코로나19 확산으로 글로벌 공급망이 붕괴하고, 독일 봉쇄와 영업 중단 등의 여파로 독일 국내외 판매량 모두 감소하여 큰 위기에 직면했다. 2020년 하반기 신흥국을 중심으로 코로나19가 더욱 확산하면서 글로벌 판매가 추가적으로 급감할 위기에 놓여 있었다.

폭스바겐은 프리미엄 브랜드 아우디 판매를 촉진하기 위해 업계 최초로 언택트 마케팅을 도입했다. 자동차 판매과정에도 디지털 트랜스포메이션(Digital Transformation)을 시도하고, 비대면 상황에서도 소비자가 VR 등의 기술을 통해 차량을 경험해 보고 구매 여부를 결정할 수 있도록 UX(User Experience) 비즈니스 모델을 도입하고 있다. VR 기기를 활용하여 VR 스토어를 구축하고, 새로

폭스바겐 그룹 아우디 VR 스토어

자료 : Audi MediaCenter

운 비대면 서비스를 선보였다. 자사 대리점을 네트워크화 하여 고
객과 비대면으로 만난 후, VR 기기를 통해 자동차 세부 사항을 설
명해주며, 부가 자료를 VR 세상에서 직접 보여주는 방식으로 마케
팅을 진행하고 있다. 또한, 신규 차량을 출시하면서 기존의 마케팅
방식을 벗어나, '틱톡' 같은 새로운 채널을 활용한 마케팅을 시도하
여 다양한 방식으로 고객과의 접촉을 시도하고 있다.

조직 개편을 통한 리질리언스, 소니

소니는 최근 전자기기 외에도 영상기기, 가전, 금융, 게임, 콘
텐츠 등 다양한 분야의 사업을 전개해 왔다. 이렇게 다양한 분야
로의 진출을 통해 리스크를 분산시켜 왔으나, 코로나19의 영향
을 피해갈 수는 없었다. 제조업 분야의 경우 중국과 말레이시아
제조공장의 가동을 중지하고, 세계 각국이 봉쇄를 감행함에 따
라 총 351억 엔의 손해가 발생했다. 반대로 영상이나 게임 서비스

의 경우 외출하지 않고 집에서 모든 것을 해결하려 하는 홈코노미(Home+Economy) 문화의 확대에 힘입어 오히려 매출이 급증했다.

소니는 이러한 상황에 대응하고, 코로나19 이후의 새로운 세상에 선제적으로 대응하기 위해 조직 구조를 개편하고 일본 특유의 경직된 기업문화로부터 탈피해 유연한 조직으로의 전환을 시도했다. 분야별로 구축된 기존의 조직 구조를 재편하여 하드웨어, 금융, 엔터의 세 분야로 집중했고, 분야별 수평적 관계 구축을 위해 상호 시너지 효과를 낼 수 있도록 개편을 시도했다. 이 중 하드웨어는 원격 기술과 인공지능 기술 개발을 통해 포스트 코로나 시대의 새로운 일상에 대응하도록 준비하고, 금융 분야는 자본 조달을 보다 신속하게 할 수 있도록 은행·보험 부문을 완전 자회사화하여

소니 그룹 구조 개편 체계도

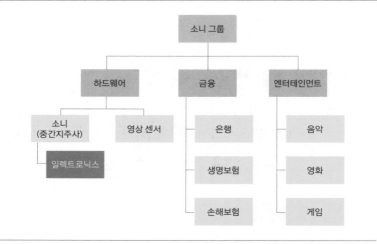

자료 : Kotra

투자자금 확보 능력과 의사결정권을 강화했다. 한편, 현재 주력이 되고 있는 엔터테인먼트 분야의 경우 음악·게임 등의 지속적인 수익을 창출할 수 있는 '리커링(Recurring) 성장 모델'을 수립하여, 변화에도 흔들리지 않는 안정적인 수익 구조를 구축했다.

소니는 그 밖에도 위기 상황에 대응하는 다양한 활동을 전개했다. 우선, 제조업의 경우 중국으로부터의 부품 공급 중단으로 인해 피해가 발생하였으나, 피해를 최소화하고자 생산 재개 시점을 면밀히 분석해 공급사슬 구조를 정비했다. 한편, 자사가 보유하고 있는 게임·교육·영상 콘텐츠 일부를 무료로 배포하여 소비자들이 사회적 거리두기를 이행하고, 집에서 활동할 수 있도록 지원했다. 또한, 의료 기관들에 자사의 기술력 및 생산 장비를 활용하여 페이스 마스크 및 인공호흡기를 생산하여 공급하고 VR과 AR을 활용한 진단 솔루션을 제공하고 있다.

포스트 코로나, 기업들은 어떻게 위기를 기회로 바꿀 것인가?

글로벌 기업들은 리질리언스를 통해 위기를 기회로 바꿨다. 비상 경영 체제를 가동하고, 바뀐 경영환경에 적합한 대응을 통해 충격을 최소화할 뿐 아니라 유망한 비즈니스 모델과 서비스로 전환을 시도했다. 직원들의 안전 관리에 신경쓰고 마스크 등의 공공재 생산라인을 도입하는 등 사회적 책임을 수행하기도 했다. 언택트 사회로 변화한 환경에 걸맞게 소매유통 등의 영역에 디지털 기술을 도입한 것도 대표적인 리질리언스다.

국내 기업도 리질리언스 역량을 갖추어야 한다. 지금 이 순간에도 경영환경은 끊임없이 변화하고 있다. 첨단 기술이 산업 간 경계를 해체하고, 소비자의 기호는 가늠하기 어려울 만큼 급변하고 있다. 세계경제는 출렁이고, 규제 환경도 갈피를 잡기 힘들다. 코로나19 같은 외재적 변수는 또 언제 찾아올지 모른다. 이러한 변화에는 위험도 존재하지만, 가능성도 적지 않다.

기업이 환경 변화에 어떻게 대응하고 무엇을 선택할 것인가에 대해 정해진 답은 없다. 그러나 변화의 물결을 알아차리지 못하는 기업은 위기에서 벗어날 수 없다. 반면 변화를 빠르게 인지하고 이에 대응하는 기업은 기회를 잡을 수 있다. 리질리언스 역량은 분명 변화하는 상황을 지속적으로 점검하는 데서 시작된다. 리질리언스 팀을 구축하거나, 외부의 전문조직에 아웃소싱해 실시간으로 리질리언스 서비스를 받는 것도 방법이 될 수 있다.

정부도 리질리언스 역량을 갖추고 대응해야 한다. 다양한 분야에 걸쳐 정책적 리질리언스가 발휘되어야 한다. 예를 들어, 글로벌 밸류 체인의 붕괴에 리질리언스적으로 대응하기 위해 정책계획을 마련해야 한다. 다국적 기업들은 세계화 시대를 넘어 지역화(Regionalization)에 대비하고 있다. 새로운 공급망을 개설하고, 디지털 전환(Digital Transformation)을 서두르고 있다. 한국 기업은 글로벌 밸류 체인에 더 의존적이기 때문에 누구보다 서둘러서 특정 국가나 기업 중심에서 탈피해 안정적으로 원자재를 수급받을 수 있도록 해야 한다. 미중 무역전쟁 등 보호무역주의가 더욱 확산하는 과정에서 핵심 부품의 국산화와 더불어 다양한 수급처 확보를 추진할 필요가 있다.

개인도 마찬가지다. 어디에 투자할까를 고민하기에 앞서, 자기 자신에게 투자할 필요가 있다. 즉, 자신의 리질리언스 역량을 확보하는데 투자해야 한다. 주식차트에는 트렌드가 나타나지 않는다. 부동산 커뮤니티는 어떤 자산의 가치가 상승할지를 보여주지 못한다. 경제를 먼저 들여다보면서 어떤 변화가 앞에 놓여 있는지, 어떤 유망산업이 세계경제를 견인할 것인지를 탐색해야 한다. 필자가 강조하는 말이 있다. "변화에 투자하라." 변화를 지속적으로 모니터링하는 것이 리질리언스의 시작이다.

2부

2021년 한국경제의
주요 이슈

01 / 한국판 뉴딜과 뉴비즈니스 기회

1930년 대공황 이후 처음 경험하는 경제 충격이 세계를 휩쓸고 있다. 이 책을 읽고 있는 대부분의 독자는 1930년대를 경험해보지 못했을 것이다. 기업의 CEO도 정책을 운용하는 의사결정자도 처음 경험하는 경제 충격이다. 1930년 대공황을 극복하기 위해 미국이 추진했던 정책을 뉴딜(New Deal)이라 한다면, 그 이후 가장 큰 코로나19의 경제 충격을 극복하기 위해 정부는 한국판 뉴딜 정책을 마련했다.

경제 충격을 딛고 일어나기 위해서는 역주기(Countercyclical) 정책이 필요하다. 역주기 정책은 정부가 경기 하강을 방어하기 위해 정부 지출, 세금 감면, 환율 조정 등의 정책을 통해 경기 부양에 나서는 것을 의미한다. 미국이나 중국이 발표한 대규모 인프라 투자 계획처럼, 한국판 뉴딜 정책도 경제 충격을 상쇄하고 견실한 성장을 이끌기 위한 적극적인 움직임이다.

한국판 뉴딜 정책의 주요 골자는 디지털 뉴딜과 그린 뉴딜이다. 이는 2020년 이후 상당 기간 경제 정책의 방향성이 될 것이기 때문에, 각각의 주요한 정책 내용을 숙지하고 이를 통해 비즈니스 기회를 탐색해야 할 것이다. 사실, 한국판 뉴딜 정책만으로도 한 권의 책이 될 만큼 방대한 내용이지만, 본 장에서 핵심 사항을 중심으로 주요 내용을 살펴보자.

디지털 뉴딜 정책의 배경

디지털 경제로의 전환이 일고 있다. 세계를 이끌고 있는 기업은 디지털 기업들이다. GAFAM(Google, Amazon, Facebook, Apple, Microsoft)과 BAT(Baidu, Alibaba, Tencent)는 디지털 기반의 서비스를 선도적으로 소비자들에게 전달하고 있으며, 전통 기업들의 디지털 트랜스포메이션을 기술적으로 지원하고 있다. 미중 무역전쟁도 디지털 기술을 놓고 벌이는 패권전쟁의 양상이 두드러진다. 19세기 영국이 해저케이블을 깔고 전력과 통신망을 기반으로 패권을 장악했고, 20세기 미국이 위성과 인터넷을 활용해 패권을 빼앗았다. 21세기 중국은 인공지능과 빅데이터를 무기로 디지털 패권을 가져오려는 모습이다.

스태티스타(Statista)는 세계 인공지능 소프트웨어 시장이 연평

AI 특허의 주요 국별/기업별 현황

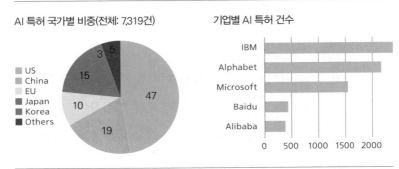

AI 특허 국가별 비중(전체: 7,319건)

- US
- China
- EU
- Japan
- Korea
- Others

기업별 AI 특허 건수

자료 : 카이스트 리서치 플래닝 센터

균 43.4% 성장할 것으로 분석했다. 세계 경제성장률이 (코로나19 충격을 제외하고) 3.5% 수준을 유지하는 것과 비교해 본다면, 인공지능의 경제적 영향력을 가늠할 수 있다. 세계 인공지능 소프트웨어 시장은 2021년 약 348.7억 달러 규모에 이를 것으로 전망된다. 이 가운데 한국은 얼만큼의 시장을 차지하게 될 것인가?

시장 지배력을 비교하는 대표적인 지표가 특허다. 인공지능 특허 7,319건 중 한국은 3% 비중을 차지한다. 미국, 중국, 일본은 각각 47%, 19%, 15%의 비중으로 디지털 경제의 패권과 시장을 장악할 것으로 보인다. 인공지능 특허는 IBM, 알파벳, 마이크로소프트, 바이두, 알리바바 등의 빅테크 기업이 장악하고 있다. 미국과 중국 기업들이 기술적으로도 압도적으로 선도하고 있는데 카이스트 리서치 플래닝 센터는 미국과 중국이 한국보다 1~2년 가량 앞서는 것으로 평가했다.

코로나19는 디지털 트랜스포메이션을 가속화했다. 디지털 경제로의 전환이 앞당겨진 것이다. 오프라인 유통서비스는 전자상거래로 전환되었고, 대면 의료서비스는 원격진료와 디지털 헬스케어로 진화하고 있다. 금융산업에도 자산관리, 신용평가, 준법 감시, 동산 담보 관리 등의 영역에 걸쳐 디지털 플랫폼, 인공지능, 빅데이터, 사물인터넷 등의 기술이 활용되고 있다. 이 밖에도 제조, 물류, 건설, 국방, 교통, 교육, 콘텐츠 등 전 산업에 걸쳐 디지털 기술이 활용되고, 차원이 다른 모습으로 변화하고 있다.

디지털 뉴딜 정책의 주요 내용과 비즈니스 기회

디지털 뉴딜은 디지털 경제로의 전환을 촉진하고 부상하는 산업을 선점하기 위한 토대를 마련하려는 정책 기조다. 아날로그 경제에서 도로와 전기 인프라를 보급함으로써 기업이 효율적으로 경영할 수 있게 되었듯, 디지털 경제에서 디지털 인프라를 확충함으로써 경쟁력을 확보할 수 있다.

가장 먼저 강조하는 영역은 DNA(Data, Network, AI) 생태계다. 빅데이터, 5G, 인공지능 인프라를 확대해, 전 산업에 걸쳐 이를 활용할 수 있도록 하려고 한다. 특히, 6G 선점을 적극적으로 추진하고 있다. 통신 인프라는 대략 10년을 주기로 세대가 전환된다. 3G(2001년, 일본 최초), 4G(2009년, 유럽 최초), 5G(2019년, 한국 최초), 6G(2028~2030년, 상용화 예상)와 같은 이동통신 인프라의 변화를 선도해 국제표준을 선점하고 시장 주도권을 확보하겠다는 계획이

디지털 뉴딜 사업의 주요 과제와 내용

주요 과제	상세 내용
D.N.A. 생태계 강화	– 국민 생활과 밀접한 분야 데이터 구축·개방·활용 – 1·2·3차 전산업으로 5G·AI 융합 확산 – 5G·AI 기반 지능형 정부 – K–사이버 방역체계 구축 – 모든 초중고에 디지털 기반 교육 인프라 조성
비대면 산업 육성	– 스마트 의료 및 돌봄 인프라 구축 – 중소기업 원격근무 확산 – 전국 대학·직업훈련기관 온라인 교육 강화 – 소상공인 온라인 비즈니스 지원
SOC 디지털화	– 4대 분야 핵심 인프라 디지털 관리체계 구축 – 도시·산단의 공간 디지털 혁신 – 스마트 물류체계 구축

자료 : 기획재정부
주 : 저자가 주요 과제 구분을 임의 조정

다. 정부의 정책 운용·대국민 서비스나 보건·방역 및 교육 등의 영역에 걸쳐 디지털 인프라의 활용을 촉진할 방침이다.

둘째, 비대면 산업 육성이다. 언택트(Untact, 비대면) 서비스로의 전환이 가속화하고 있는 지금 디지털 헬스케어 산업을 촉진하고, 온라인 교육 시스템을 강화하는 등의 노력이 집중될 것이다. 과정에서 뒤처진 중소기업과 소상공인에게는 디지털 격차(Digital Gap)라는 추가적인 부담이 작용할 것이기 때문에, 이 격차를 줄이기 위한 정책 지원도 강화될 것이다. 예를 들어, 중소벤처기업부는 '비대면 경제과'를 신설하고, 중소기업과 벤처기업의 디지털 전환을 돕기 위해 2021년까지 5,760억 원 규모의 비대면 서비스 바우처를 지원할 예정이다. 아울러, 전통시장과 소상공인의 디지털 인프라 구축과 온라인 판로 개척을 위해서도 발 빠르게 움직이고 있다.

셋째, SOC 디지털화다. CCTV와 사물인터넷 등을 활용한 지능형교통시스템(ITS, Intelligent Transportation System)을 구축하고, 항만, 저수지, 댐 등을 원격으로 제어할 계획이다. 스마트 시티와 스마트 산업단지를 구축하고, 육상물류·해상물류·유통 분야에 첨단기술을 도입해 효율화할 방침이다.

그린 뉴딜 정책의 배경

2015년 12월 13일 세계 195개국이 파리에 모여 역사적인 약속을 했다. 기후변화 문제를 해결하기 위해 온실가스 감축에 관한 국제적 합의가 담긴 파리협정(Paris Agreement)이 체결된 것이다. 이에 따라 한국을 포함한 세계 각국은 '2050 저탄소 사회 전환전략(LEDS : Long-term low greenhouse gas Emission Development Strategies)'을 수립하여 2020년까지 UN(국제연합)에 제출해야 한다.[1] 이미 영국, 독일, 프랑스, 미국, 캐나다, 일본 등 17개국(2020년 5월 19일 기준)이 LEDS를 제출했고, 다수의 국가가 장기 목표 수립 및 LEDS 제출을 준비중이다.

주요국이 제출한 LEDS에 특징적인 상세 계획이 담겨 있다. 영국은 녹색성장을 위한 녹색투자기금을 활성화하고, 독일은 생태세제를 개혁하고, 프랑스는 폐기물 관리를 통해 순환경제로의 전환을 이행할 것을 강조하고 있다. 미국은 에너지 부문 탈탄소화를 지

---

1   파리협정(2조 1항, 4조 19항)과 제21차 기후협약 당사국 총회 결정문(제35항)은 모든 당사국이 2050년까지 장기 저탄소 발전전략(LEDS)을 수립하여 2020년까지 제출할 것을 요청

주요국 2030년 전원구성 계획

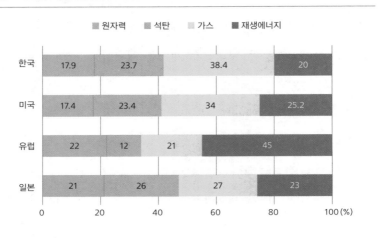

자료 : EIA, EU, 에너지경제연구원

원하고, 캐나다는 저탄소 소비로의 행동 전환을 유도하며, 일본은 연료 제조 전 과정에서 CO_2 배출을 감축할 전략을 제시했다.

탄소 배출을 감축하기 위한 노력이 재생에너지로 집중되고 있다. 주요국은 재생에너지에 의한 전력 의존도를 지속적으로 높여갈 계획을 발표했다. 특히, 유럽은 2030년까지 재생에너지 의존도를 45%까지 증대시킬 계획이다. 유럽중앙은행(ECB)은 위기 대응 자산매입 프로그램(약 3조 8,000억원) 중 일부를 기후변화 대응에 사용하겠다고 선언했다.

한국도 2017년 12월 '재생에너지 3020 이행계획'을 발표하면서, 신재생에너지 사용 및 보급 계획을 구체화했다. 2030년까지 재생에너지 발전량 비중 목표를 20%로 설정했다. 2016년 재생에너지 발전 비중은 7.0%였으나, 2022년까지 10.5%, 2030년까지 20%를 달성할 계획이다. 이러한 관점에서 2020년 7월 발표한 한국판 뉴딜 정책의 주요 골자 중 하나가 그린 뉴딜이다. '재생에너지 3020 이행계획'을 차질없이 달성하고 이를 통해 경제를 회복시키겠다는 의지다. 한국은 LEDS 정부 초안이 마련되었고, 사회적 논의와 부처별 협의를 거쳐 2020년 10월 중 UN에 제출할 계획이다.

그린 뉴딜 정책의 주요 내용과 비즈니스 기회

그린 뉴딜은 환경을 고려한 성장 정책이다. 환경이라는 자원을 남용하면서 성장을 추구한다면, 단기간에는 고속성장할 수 있겠지만 지속 가능하지 않을 것이다. 기본적으로 인간과 자연이 공존하는 미래 사회를 구현하기 위한 움직임인 것이다. 화석 연료 사용을 줄이고, 재생에너지 의존도를 높이며, 전 영역에 걸쳐 에너지 효율화를 이루는 것이 그린 뉴딜의 주요 골자가 될 것이다.

그린 뉴딜 사업의 주요 과제와 내용

주요 과제	상세 내용
도시·공간· 생활 인프라 녹색 전환	− 국민생활과 밀접한 공공시설 제로에너지화 − 국토·해양·도시의 녹색 생태계 회복 − 깨끗하고 안전한 물 관리체계 구축
저탄소· 분산형 에너지 확산	− 에너지관리 효율화 지능형 스마트 그리드 구축 − 신재생에너지 확산기반 구축 및 공정한 전환 지원 − 전기차·수소차 등 그린 모빌리티 보급 확대
녹색산업 혁신 생태계 구축	− 녹색 선도 유망기업 육성 및 저탄소·녹색산단 조성 − R&D·금융 등 녹색혁신 기반 조성

자료 : 기획재정부

첫째, 공공시설과 도시 및 생활 인프라 등을 친환경적으로 전환하는 정책이다. 공공임대주택, 문화시설 등에 신재생에너지 설비를 보급하고, 친환경 단열재를 설치할 계획이다. 미세먼지 저감을 위해 도시 숲을 조성하고, 국립공원 등의 생태계 훼손 지역을 복원하는 일도 포함되어 있다. 뿐만 아니라 인공지능과 ICT 기반의 상하수도 관리체계를 구축하는 인프라 사업을 전국적으로 시행할 계획이다.

둘째, 중앙발전형에서 분산형으로 전력 공급 방식을 전환할 계획이다. 풍력, 태양광 등의 신재생에너지 인프라를 구축해 해당 지역이나 건물이 스스로 전력을 생산할 수 있도록 여건을 만들 계획이다. 나아가 스마트 그리드(Smart Grid)를 구축해 사용자끼리 전력을 교환할 수 있도록 해 분산형 전력 시스템을 확산할 것이다. 특히, 전기차와 수소차를 보급하기 위해 인센티브를 강화하고 충전 인프라를 확대하며, 노후 경유차를 친환경차로 전환하는 것을 지원하는 데 정책적 노력이 집중될 것으로 전망된다.

마지막으로, 녹색산업을 중심으로 혁신경제 창출의 기반을 구축할 계획이다. 환경이나 에너지 분야 혁신 기술을 확보한 중소기업과 스타트업을 육성하고, '녹색 융합 클러스터'를 구축해 기술개발, 실증사업, 생산 및 판매에 이르기까지 전 주기적 지원체계를 마련할 것이다. 온실가스 감축이나 미세먼지 대응 분야의 R&D를 지원하고, 투자자금을 마련하기 위해 민관 합동펀드(녹색금융)를 조성할 계획이다.

한국판 뉴딜의 성공을 위한 제언

첫째, 한국판 뉴딜정책이 성공하기 위해 안정적인 자금 마련이 전제되어야 한다. 사상 초유의 국가사업인 만큼 자금 마련에 상당한 한계가 있을 수 있다. 모든 것을 세금으로 충당할 수도 없고, 모든 것을 정부 부채로 충당할 수도 없다. '뉴딜 펀드'가 최근 가장 많은 관심과 논의의 중심이 되고 있다. 많은 기업과 가계로부터 민간 자본을 조달해서 활용하겠다는 취지다. 한국판 뉴딜 사업의 특성상 단기간에 수익이 발생하지 않는 성격이 강해서 투자자에게 적정한 수익성을 약속하기도 부담이고, 수익성을 약속하지 못하면 자금 마련에 실패할 수 있기 때문에 접점을 찾기가 매우 어려운 일이 되고 있다.

둘째, 정치적으로 흔들리지 않는 정책 로드맵이 필요하다. 19대 문재인 대통령의 임기(2022년 5월 9일)를 고려하면 더욱 그러하다. 한국판 뉴딜 사업은 장기적인 인프라 사업인데, 만약 차기 대통령의 정책 방향이나 정치적 기조가 달라질 경우 국가 경제에 상당한 타격을 줄 수 있다. 가다가 중지하면 아니 감만 못한 사업이다. 합리적이고 현실적인 중장기 로드맵을 구축해야 한다. 따라서 여야간의 합의가 전제된 로드맵이 필요하고, 산업계나 국민과의 충분한 논의가 바탕이 되어야 한다.

셋째, 민간은 한국판 뉴딜을 활용한 신사업 진출을 시도해야 한다. 한국판 뉴딜에서 포괄하고 있는 '디지털과 그린'은 세계적으로 거스를 수 없는 트렌드다. 기업은 사실 한국판 뉴딜 사업이 아니더라도 이 트렌드에 기초한 사업 기회를 발굴해야 한다. 그러한 산업의 움직임 속에 정책적 지원이 마중물 역할을 한다고 이해해야 하겠다. 따라서 기업은 기존의 비즈니스를 어떻게 디지털 환경에 걸맞게 전환하고, 친환경적으로 제품과 서비스를 전달할 수 있을지를 고민하고, 정책적 지원책을 적극 활용해야 하겠다.

02 / 2021년 국가운영 방향 - '뉴딜펀드'의 기회와 우려

2020년 9월 1일, 2021년 예산안이 발표되었다.[2] 기획재정부가 매년 이맘때 발표하는 예산안은 이듬해의 나라 살림살이를 알 수 있는 '나라 가계부'다. 정부는 예산안 발표를 통해, 2021년 한해 국가를 어떻게 운영하겠다는 재정정책의 방향성을 공표한다. 정부가 어느 분야에 중점을 두고 재정을 집행하는지를 확인하는 것은 가계나 기업이 한국경제를 전망하는 데 매우 중요한 요소가 될 것이다.

홍남기 경제부총리는 "내년 예산안은 경제 회복에 대한 정부

---

2 2020년 9월 1일 국무회의를 거쳐 3일 국회에 제출되었다. 12월 전후로 국회 확정된 예산이 발표될 것이다. 통상적으로는 국회 확정되는 과정에서 1~2조 원 수준의 예산 규모 조정과 부문별 예산 배분 조정이 있지만, 기획재정부의 예산안에서 크게 변화하진 않는다.

의 강한 의지를 담아 감내 가능한 범위 내에서 최대한 확장적 기조로 편성했다.… 내년 예산안은 '경기회복 견인 예산', '한국판 뉴딜 물꼬 트는 예산', '국정 성과를 가시화하고 체감토록 하는 예산'으로 요약할 수 있다"며 "한마디로 '코로나 극복 선도국가' 예산"이라고 말했다. 2021년 예산안이 코로나19의 충격으로부터 경제를 회복시키는 데 중점을 두고 있음을 엿볼 수 있게 해주는 말이다. 2021년 예산안의 규모와 쓰임을 들여다보자.

2021년 슈퍼 예산안

2021년 예산은 약 555.8조 원에 달한다. 2019년 12월에 계획한 2021년 예산이 546.8조 원인 것과 비교하면, 약 9조 원을 확대 편성한 것이고, 2020년 예산과 비교하면 43.5조 원이 증액된 셈이다. 이는 사실 엄청난 재정투입이다. 2019년 실질 국내총생산(GDP)이 1,849조 원으로, 이는 2018년 1,812조 원에서 37조 원 증가해 2% 성장한 것인데, 그 이상의 재정을 투입한다는 의미다.

언론에서는 '수퍼 예산안'이라 하고, 경제학 교과서에서는 '확장적 재정지출'이라고 한다. 확장적 재정지출은 나라가 경제적 위기 상황에서 벗어나기 위해, 경기를 부양하기 위해 가하는 정책 수단 중 하나다. 특히, 통화정책도 2020년 최저수준의 기준금리까지 인하하고, 무제한 양적완화를 실시하는 등 완화적 통화정책이 이행되는 과정에서, 가동할 만한 모든 정책이 경기부양적으로 집중되는 모습이다. 즉, 통화정책과 재정정책이라는 양팔을 다 걷어붙

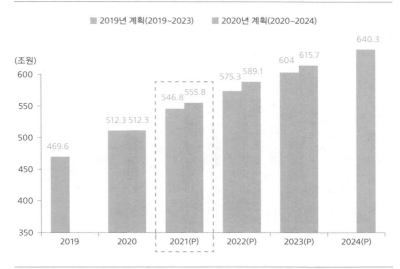

■ 2019년 계획(2019~2023)　　■ 2020년 계획(2020~2024)

자료 : 기획재정부, 2020~2024년 국가재정운용계획
주 : (P)는 계획치(Plan)를 의미함

이는 듯한 모습이다.

2020년에도 대규모 재정지출이 있었다. 3차 추경까지 동원하며, 긴급재정이 투입되었다. 1972년 이후 최초로 3차례의 추가경정예산이 편성되었고, 그 규모는 약 59조 원으로 역사상 최대다. 코로나19의 충격으로 보건·방역 인프라를 확충하고, 셧다운 및 사회적 거리두기 시행으로 폐업 위기에 처한 자영업자와 소상공인을 지원(세제, 금융 등)하는 등 대규모 긴급지원이 필요했다.

2021년에도 대규모 예산지출이 불가피하다. 2020년 한해 역성장한 경제를 제자리로 돌려놓기 위해서다. 특히, 위축된 기업들의 설비투자를 진작하고, 사라진 일자리를 복구하며, 또 다른 전염병

정부 예산안 규모 및 증감률 추이

자료 : 기획재정부, 2021년 예산안
주 : (P)는 계획치(Plan)를 의미함

위협에 대응할 수 있는 보건·방역 체계를 구축하는 데 필요한 영역에 대규모 재정투입이 요구되는 상황이다.

2021년 예산(안) 규모는 상당히 크게 증가했다. 실제로, 재정지출 규모의 증감률을 계산해 보면, 2021년 8.5%로 상당히 높은 수준이다. 2019년과 2020년 예산도 전년 대비 각각 9.5%, 9.1%로 증가해 2008년 금융위기 이후 최고 수준을 기록했는데, 이에 준하는 수준으로 예산을 매우 확장적으로 편성했다. 2018년대 이전까지 예산 증가율이 줄곧 5%대를 초과하지 않았으나, 이후에는 8~9%대의 가파른 증가세가 뚜렷하게 나타난다.

재정은 어떻게 마련하나?

재정건전성을 우려하는 목소리가 증폭되고 있다. 2020년부터 적자재정과 3차례의 추경 등으로 정부부채에 관한 논의가 집중되기 시작했다. 불가피한 상황이라는 점을 부인할 수 없으나, 국가채무가 늘어나는 상황을 용인해도 되는지에 대한 의문이 들지 않을 수 없다. 그래서 부채경제(Debt Economy)라는 표현이 등장했다.

빵집의 매출액이 운영비보다 작다면 과연 버틸 수 있을까? 빵집의 매출액이 '세입'이고, 재료비 등의 운영비가 '세출'인 셈이다. 2021년의 국가 운영, 즉 세출을 계획해 놓은 것이 2021년 예산안이다. 여기서 중요한 것은 세입의 증가폭보다 세출(예산안)의 증가폭이 크다는 점이다. 세입은 2020~2021년 동안 0.3% 증가하는

2020년과 2021년 정부 예산 비교

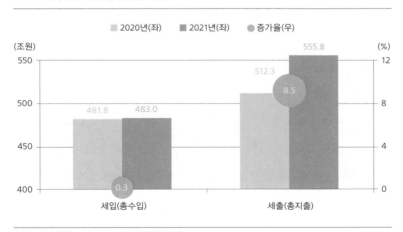

자료 : 기획재정부, 2020~2024년 국가재정운용계획

수준이지만, 세출은 같은 기간 8.5% 증가하는 모습이다. 더욱이, 2021년 예산은 세입보다 세출이 크게 계상되어 있다는 점이 문제다. 2020년에도 적자재정이었는데, 2021년 또 한차례 적자다. 국가채무에 대한 걱정이 제기되는 이유다. 부채 이슈는 '3장 부채경제, 가계-기업-정부의 트리플 크라운'에서 집중적으로 논의하기로 하고, 본 장에서는 예산안 관점에 집중해 보자. 이토록 예산안을 과감하게 편성했다면, 그 규모뿐 아니라 예산이 어떻게 쓰일지가 중요해진다.

예산 규모보다 '어떻게 쓰이느냐'가 더 중요해

한 가정의 살림살이에 비유해 보자. 더 큰 비용을 들여 장을 보면, 식구들이 더 건강해질까? 지출 규모도 중요하지만, 어디에 지출하는지가 더 중요하지 않을까? 장바구니에 우유를 담을 수도 있고, 불량식품을 담을 수도 있지 않은가?

예산안의 규모도 중요하고, 국가 재정건전성도 중요하다. '전시' 상황인 만큼 잠시 재정건전성을 내려놓고 경제 살리는 데 집중했다고 평가된다. 다만, 빚져서 마련한 예산을 '어디에 쓸지'가 매우 중요하다. '어떻게 쓰이느냐'에 따라 경제가 건강해질 수도, 병들 수도 있다. 2021년 정부 예산안의 분야별 증감률을 보면, 현 정부가 경제 분야에 집중하고 있음이 명확히 드러난다. 경제 부문 예산에는 '6. 산업·중기·에너지', '5. R&D', '7. SOC'가 있고, 광의의 경제 부문에는 '4. 환경'도 포함된다.

무엇보다, '6. 산업·중기·에너지' 부문의 2021년 예산 증가율이 22.9%로 단연 높다. 사실, 2019년과 2020년에도 이 분야에 대한 예산을 가장 크게 증가시켰다. 한국판 뉴딜 사업을 성공적으로 진척시키기 위한 예산이 많은 비중을 차지하는 분야이기도 하다. 빅데이터, 인공지능, 5G 인프라 등의 산업을 육성하고, 중소기업들의 디지털 기술 확보와 스타트업 창업 생태계를 조성하며, 재생에너지 사업의 성공을 지원하는 내용이다. 자영업자와 소상공인의 경영안정을 위한 특별경영안정자금 지원을 확대할 계획도 포함한다.

2021년 '5. R&D' 예산은 한국판 뉴딜을 뒷받침하기 위해 12.3% 증액할 계획이다. 디지털 신산업과 녹색산업 분야 기술 R&D에 지속 투자하고, 과학기술 고급인재를 양성하기 위해 인프라 투자를 확대할 계획이다. 미래 신소재 및 부품 개발도 추진해 주요 소재를 일본 등의 외국에 의존하지 않고 자립화할 수 있도록 투자를 강화한다. 나아가 국가 보건의료체계를 고도화하기 위한 연구지원도 강화할 계획이다. 신종 감염병에 대비한 백신과 치료제 개발 및 방역물품과 의료기기를 고도화하는 데 집중투자할 방침이다.

'7. SOC' 예산도 중점적으로 확대해 건설투자를 회복시키는 데 주안점을 두고 있다. 도로, 철도, 공항, 항만, 수자원, 재난대응 등 주요 SOC 분야에 IoT(사물인터넷) 등의 기술을 도입해 디지털 관리체계를 구축할 계획이다. 또한, 국가균형발전 프로젝트를 적기에 완료할 수 있도록 도로(세종-안성 고속도로 등), 철도(남부내륙

정부 예산안의 분야별 증감률

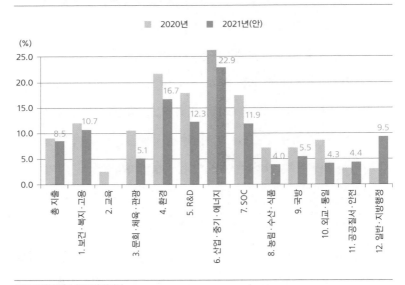

■ 2020년 ■ 2021년(안)

자료 : 기획재정부, 2021년 예산안
주 : 2019년은 국회통과 후 확정 예산을, 2020년은 국회통과 전 예산안을 기준함

철도 등), 광역교통망(GTX 등), 환승센터를 확충하고, 지역 간 연결 성을 강화할 것이다.

'4. 환경' 분야 예산은 그린뉴딜 사업에 초점을 두고 있다. 녹색 기술을 개발하고 녹색금융을 확대해 미세먼지 저감 및 기후변화 대 응과 관련된 산업을 성장시키고자 한다. 2021년부터는 파리기후협 약을 이행하는 과정에서 '대기오염 총량제'나 '배출허용기준' 같은 환경규제가 강화될 것이다. 이러한 조치에 대한 준비가 안 된 영세 사업장이나 중소기업을 중심으로 대응체계를 지원해줄 계획이다.

그밖에 '1. 보건·복지·고용' 분야도 관심이 간다. 특히, 일자리

예산의 증가율은 20.0%로 상당한 수준이다. 이중 가장 눈에 띄는 계획은 '국민취업지원제도' 도입이다. 고용노동부는 국민취업지원제도의 지원 대상과 조건 등을 담은 '구직자 취업촉진 및 생활안정지원에 관한 법률 시행령 및 시행규칙' 개정안을 2020년 8월 14일 입법 예고했다. 2021년 1월 1일부터 시행한다. 대상은 저소득 구직자, 청년 신규 실업자, 경력단절 여성 등 고용보험 보호를 받지 못하는 구직자들이다. '중위소득 50%'[3] 이하 저소득층 구직자는 월 50만원씩 최대 6달 동안 구직지원금을 받을 수 있게 된다.

한국판 뉴딜 사업과 '뉴딜펀드'

투자 관점에서 가장 주목할 만한 2021년 예산의 쓰임은 단연 '한국판 뉴딜'이다. 데이터 댐 구축을 포함한 한국판 뉴딜 10대 대표과제는 다음의 도표를 통해 확인할 수 있다.

정부는 한국판 뉴딜 사업의 이행을 위해 '뉴딜펀드'를 계획했다. 그동안 시중에 풍부한 유동성이 공급되었지만, 부동산 같은 자산에 집중되는 경향성을 보여왔다. 시중의 유동성을 경제성장을 이끄는 생산적인 부문으로 이동시킬 수 있는 아이디어라고 판단된다. 데이터센터, 그린 리모델링, 수소충전소, 스마트물류, 그린스마트스쿨, 수소·전기차 개발 프로젝트, 디지털 SOC 안전관리시스템, 친환경·신재생에너지 시설 등 신성장동력산업이 침체된 한국

---

3 중위소득은 가장 높은 소득부터 낮은 소득까지 전체 가구를 늘어놓았을 때 가운데에 있는 가구의 소득을 말한다. 2020년 1인 가구 기준 중위소득 50%는 월 88만원이다.

2021년 한국판 뉴딜 10대 대표과제와 재정지출 계획

한국판 뉴딜

○ 기획재정부

'21년 | 예산 21.3조원 + 일자리 36만개창출

디지털 뉴딜 7.9조원 + 그린 뉴딜 8.0조원 + 안전망 강화 5.4조원

10대 대표과제 | '20~'25년 68.7조원 ➡ '21년 예산 11.6조원

1 데이터 댐
- ✓ AI학습용 데이터 150종 구축 및 4.4만개 공공데이터 개방
- ✓ AI바우처 200개사 지원
- ✓ VR·AR·IoT 기반 국공립 스마트 박물관·미술관 전국 113개소 구축

'20~'25 15.5 ➡ '21 2.8조원

6 국민안전 SOC 디지털화
- ✓ 국도 50%에 지능형교통체계(ITS) 구축, 철도 62%에 IoT 설치, 국가하천 57%에 원격수문제어장치 설치
- ✓ 전국 15개 공항에 비대면 생체인식시스템 구축

'20~'25 10.0 ➡ '21 2.4조원

2 지능형(AI) 정부
- ✓ 57개 비대면 공공정보시스템 구축·고도화
- ✓ 19개 분야 블록체인 활용 실증
- ✓ 10개 기관 5G 국가망 시범구축, 행정기관 클라우드 단계적 전환

'20~'25 9.7 ➡ '21 0.8조원

7 스마트 그린 산단
- ✓ 7개 산업단지에 ICT기술을 활용한 에너지 통합관리시스템 구축
- ✓ 소규모 사업장(3,000개소)·시멘트 업종 미세먼지 저감시설 설치, 스마트 생태공장(30개소)· 클린팩토리(250개소) 구축

'20~'25 3.2 ➡ '21 0.7조원

3 스마트 의료 인프라
- ✓ 호흡기전담클리닉 500개소 설치
- ✓ 토종 AI의사인 닥터앤서의 분석기능 강화(8→20개 질환)

'20~'25 0.1 ➡ '21 0.06조원

8 그린 리모델링
- ✓ 노후 공공건축물(1,085동), 공공임대주택(8.2만호) 대상 단열재 교체 등 에너지 효율화
- ✓ 학교 주변 통학로 등 지역에 전선·통신선 공동지중화(40C+km)

'20~'25 3.0 ➡ '21 0.7조원

4 그린 스마트 스쿨
- ✓ 519개 초중고 노후건물(715동)을 에너지 절감 및 온·오프 융합형 교육환경으로 전환
  - * 태양광, 친환경 단열재 설치 + Wifi, 전자칠판, 빔프로젝터 보급

'20~'25 3.4 ➡ '21 0.1조원

9 그린에너지
- ✓ 3GW급 해상풍력단지 입지발굴, 관련 기술·부품 개발지원센터 구축
- ✓ 태양광·풍력 등 신재생에너지투자에 대한 보조·보증·융자확대
- ✓ 수소생산·활용 수추기 원천 기술개발 및 수소도시 3곳 조성

'20~'25 9.2 ➡ '21 1.3조원

5 디지털 트윈
- ✓ '22년까지 국도의 100% 구현을 목표로 정밀도로지도 제작
- ✓ 15종 지하구조물 3D 지도 구축 및 디지털트윈 기반 재난안전관리 통합플랫폼 구축

'20~'25 1.5 ➡ '21 0.3조원

10 친환경 미래 모빌리티
- ✓ 전기·수소차 11.6만대 보급 노후 차량 3.2만대 친환경 전환, 33.2만대 조기폐차
- ✓ 관공선·함정, 민간선박 26척의 친환경 전환 지원

'20~'25 13.1 ➡ '21 2.4조원

자료 : 기획재정부

경제를 부양할 수 있도록 하는 기회가 되기도 한다.

뉴딜펀드는 크게 3가지 축으로 설계되었다. 먼저 정부가 막대한 재정을 투입해 손실 부담을 우선적으로 떠안는 '정책형 뉴딜펀드'가 있다. 정부·정책금융기관이 5년간 7조 원(연 1조 4,000억 원)을 출자해 모(母)펀드를 조성하고, 민간 자금을 매칭해 자(子)펀드를 결성하는 구조다. 모펀드는 자펀드의 후순위 출자자 역할을 맡아, 손실이 발생할 경우 7조 원 내에서 손실을 우선 흡수해 '원금보장의 효과'가 있다. 둘째, 세제 혜택을 주는 '뉴딜 인프라펀드'를 육성할 계획이다. 현재 펀드시장에는 인프라펀드와 사회기반시설투자펀드 총 570여 종이 운용 중이다. 뉴딜 인프라에 50% 이상 투자하는 공모 인프라펀드를 대상으로 배당소득에 저리 과세를 적용한다는 계획이다. 셋째, 제도적 기반을 마련해 민간 뉴딜펀드를 활성화할 계획이다. 뉴딜펀드 운용사에 가점을 주고, 퇴직연금의 인프라펀드 투자를 유도하며, 투자 존속기간이 5년 내외로 짧은 펀드 상품을 개발하는 등의 제도 개선을 시도할 것이다. 한국거래소는 뉴딜업종 내 상장기업 종목을 중심으로 '뉴딜지수(Newdeal Index)'를 개발하고 관련 투자상품 출시를 유도할 계획이다.

다만 몇 가지 우려가 있다. 첫째, 과거 녹색펀드(이명박 정부)나 통일펀드(박근혜 정부)와 같은 '관제 펀드'가 하나같이 흐지부지된 흑역사를 볼 때 성공할지에 대한 의문이 든다. 둘째, 인프라 투자의 수익성이 단기간에 담보되기 어렵다. 디지털 및 녹색 인프라 사업이 유망한 사업이라는 면은 부정할 수 없지만, 투자자들이 상당

뉴딜펀드 개념도

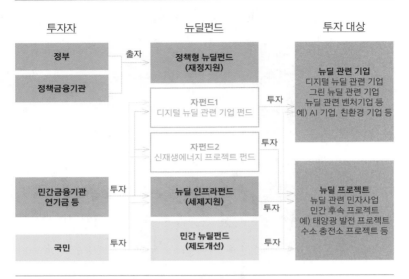

자료 : 기획재정부, 국민참여형 뉴딜펀드 조성 및 뉴딜금융 지원방안 발표자료

기간의 투자손실을 감내할 수 있을지에 대해서는 의문이다. 셋째, 가장 이견이 좁혀지지 않는 부분이 손실을 결국 세금으로 충당해야 하는데 이것이 타당한가의 논점이다. 투자에 따른 손실을 공공부문이 먼저 감당한다는 취지라면, 투자자가 부담해야 할 손실을 전 국민이 부담해야 한다는 뜻이다. 특히, 다주택자들이 자산을 매각하고 뉴딜펀드로 투자처를 옮기도록 유도하겠다는 것인데, 궁극적인 소득 양극화 해소라는 정부의 취지와 부합하는지 의문을 지울 수 없다.

2021년 예산안과 뉴딜펀드에 관한 제언

정부에게는 뉴딜펀드의 정교화 작업을 제안한다. 2021년 예산안의 핵심인 한국판 뉴딜사업이 성공적으로 이행되고, 이를 통해 침체된 경제를 뚜렷하게 복구할 수 있어야 한다. 그렇게 하기 위해서는 자금 마련의 틀이 부실해서는 안 된다. 뉴딜펀드에 관한 우려를 해소할 수 있도록 미비점을 개선해야 한다. 단기적으로도 수익성을 추구할 수 있는 사업을 포함시켜 국민들의 투자를 이끌고, 그렇지 않은 공공재적 사업에 공공부문의 투자가 집중되도록 구성할 수도 있다. 고액 자산가의 자금은 세제 혜택을 통해 유도하고, 원금보장의 효과는 저소득층에게만 한정적으로 돌아갈 수 있도록 개편하는 것은 어떤가?

기업은 2021년 예산안과 재정운용계획을 살펴보고 2021년 사업 기획에 반영할 필요가 있다. 2021년 예산안에 담긴 R&D 집중 분야, 에너지효율화 지원, 빅데이터와 인공지능의 활용 지원, 다양한 인프라 투자계획 등은 기업들이 실제 영위하고 있는 사업 영역이다. 신사업 진출과 신규 설비 투자 등의 경영 기획에 정책적 지원을 적극 활용하는 기민함이 필요할 것이다. 민간기업의 투자를 유도하는 정부 사업도 타당성을 검토하고, 타당한 사업을 수주할 수 있도록 역량을 집중해야 하겠다.

가계는 2021년 예산안을 통해 중장기적인 투자의 그림을 그려야 하겠다. 항상 강조하는 말이 있다. "변화에 투자하라." 주식 차트상에는 '변화'가 나타나지 않는다. 정부가 '어떤 산업을 유망하다고 판단하고 신성장동력산업으로 선정하는가'를 지켜봄으로써 그 변화를 간접적으로 확인할 수 있다. 뉴딜펀드가 미비점을 개선한다면, 상당히 안정적인 투자기회를 제공할 것으로 판단된다. 지금과 같은 저금리가 지속되는 상황에서 저축 이상의 수익률과 저위험의 투자대상을 찾는 니즈가 증대되고 있다. 금융기관의 담당자와 상담을 통해서 적절한 투자상품을 찾아 비교·평가해볼 필요가 있다. 한편, 국민취업지원제도 등과 같은 일자리 사업으로부터 취업이나 진로에 관한 정책적 지원을 활용해야 하겠다. 대상 자격 여부를 확인해 구직지원금을 수령하는 일부터 시작해, 미래형 인재 육성 교육프로그램이나 창업지원 프로그램을 활용해 역량을 강화하고 유망한 진로를 설계할 수 있다.

03 / 부채경제(Debt Economy), 가계-기업-정부의 트리플 크라운

위기는 부채를 동반한다. 1997년 아시아 외환위기는 대외채무가, 2008년 글로벌 금융위기는 모기지 사태가 위기를 만들었다. 부채가 급증하고, 이를 갚지 못하는 상황에 이르면 경제위기가 찾아오는 것이다. 2020년 코로나19는 경제를 '부채경제(Debt Economy)'에 놓이게 했다. 부채는 미래에 발생할 소득을 담보로 현재 돈을 가져다 쓰는 행위다. 현재 돈을 가져다 썼지만, 미래 소득의 담보력이 의심 된다. 빚은 불가피하지만, 갚지 못할 빚은 피해야 한다.

경제의 3대 주체 모두 부채가 급증한 트리플 크라운(Triple Crown) 상황에 놓였다. 트리플 크라운은 스포츠 용어로, 보통 한

선수나 팀이 3개 대회에서 우승한 경우를 지칭하며 특정 종목에서는 선수 개인이 한 경기에서 3개의 기록을 달성하는 것을 의미하기도 한다. 가계, 기업, 정부의 부채가 동시에 급증한 트리플 크라운은 우승이 아닌 위기의 기록이라는 면에서 우려감이 감돈다.

정부 부채 – 정책 기조의 전환이 이행돼야

예상치 못한 코로나19는 세계경제를 마비시켰다. 한국경제도 예외일 수 없었다. 보건·방역 뿐만 아니라 경제적 충격에 대응하기 위해 정부는 2020년 한해 세 차례의 추경을 집행하기에 이른다. 1972년 이후로 2차 추경까지는 있었지만, 3차 추경은 처음 있는 일이었다. 특히, 4차 추경은 1961년 이후 59년만의 일이고 규모 면에서도 약 67조 원에 이르는 엄청난 예산지출이 단행되는 일이다.

2019년 하반기에 계획한 '2020년 예산'도 경기 부양을 위해 이미 세입보다 세출이 큰 '마이너스 재정'을 계획했었는데(『한 권으로 먼저 보는 2020년 경제전망』 참조), 이제 추가적인 대규모 세출이 집행되는 상황에 놓인 것이다. 물론, 코로나19의 충격을 극복하기 위해 이러한 적극적인 대응책이 불가피한 것이라 판단되지만, 이제부터는 정책의 방향성이 부채를 고려해 달라져야만 한다.

국가채무는 2010년 이후 지속적으로 늘었기 때문에, 규모 자체를 보고 과다한지 여부를 판단할 수 없다. 중요한 것은 나라의 경제 규모가 증가하는 속도보다 국가 빚의 증가 속도가 큰지를 따져봐야 한다. GDP 대비 국가채무가 차지하는 비중을 보면,

추경편성 추이

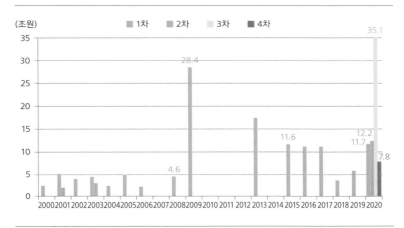

자료 : 기획재정부 (연도별 예산서)
주 : 추경규모는 세출 증가 및 세입 감소 등에 따른 재원 조달 규모 의미.

2020년 39.8%로 최고 수준이다. 2021년에는 대규모 예산지출로 46.7%까지 급등할 것으로 추산된다. 저물가, 저성장, 저고용, 저투자, 저출산 등 모든 것이 '저저저'인데, 국가채무만 이토록 높다면 경제에 상당한 부담이 될 수 있다.

　돈 쓸 데는 많은데 돈 들어올 데는 없는 상황인 것이다. 경제가 하강 국면일 때는 법인세, 소득세, 소비세도 줄기 마련이다. 부동산 정책마저 거래를 위축시키는 방향으로 계획되고 있어 양도세와 취득세 등도 줄 것이라 판단된다. 세율을 올리려는 움직임이 감지되지만, 과연 세율을 올리면 세수가 늘지도 진중하게 고민해 봐야 할 일이 아닌가? 세율은 거래의 가격을 뜻하는데, 가격이 올라가면 거래가 줄어 오히려 세수가 줄기 마련이다. 밥집에서 가격을 올리면 매출이 느는 것이 아니라, 손님이 줄어 매출이 주는 것과 같은 원리다.

기업부채 – 중소기업, 버틸 수 있는가?

매출이 줄어 운영자금 마련이 어려워지면, 기업은 부채에 의존하게 된다. 코로나19로 사람의 이동이 줄고, 공장 가동이 중지되며, 물건의 이동이 멈추면서 대다수 산업에 걸쳐 기업 매출이 급감하게 되었다. 특히 항공업, 면세점업, 여행서비스업, 교육서비스업 등에 직접적인 충격이 가해졌고, 부채에 의존해 사업을 지속하거나 아니면 중단해야 하는 상황에 놓였다.

기업들의 은행대출 잔액은 2010년 535.2조 원에서 2019년

국가채무 규모 및 GDP 대비 비중 추이

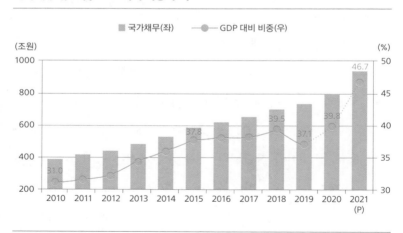

자료 : 기획재정부, 2021년 예산안
주 : (P)는 계획치(Plan)를 의미함

기업의 은행대출 잔액 추이

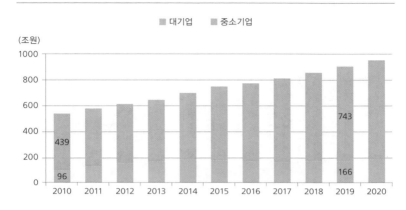

자료 : 한국은행
주1 : 예금은행(은행신탁 포함) 기준
주2 : 2020년은 7월말 잔액 기준

908.7조 원으로 지속적으로 증가해 왔다. 2020년 6월까지의 잔액은 955.1조 원이다. 특히, 중소기업의 부채 증가세가 확연히 나타나고 있다. 중소기업은 상대적으로 위기 대응력이 부족하고, 자금여력도 충분치 못해, 불황이 장기화할 경우 위기의 온상이 될 우려가 있다.

일반적으로 '부채 증가/부채의 질 악화 → 원리금상환부담 가중 → 연체 증가 → 금융부실'의 경로를 거쳐 위기로 이어진다. 연체율, 부실채권(NPL: Non-Performing Loans)[4], 신용위험지수 등의 지표를 바탕으로 위기 가능성을 진단해 볼 필요가 있다. 기업 대출

---

4 부실채권이란 금융기관의 대출금 중 채무자의 사정으로 회수가 어려운 돈을 말하며, 일반적으로 자산건전성분류기준(FLC)에 따른 여신 분류 중 '고정', '회수의문', '추정손실'에 속하는 여신, 즉 '고정이하 여신'을 가리킴.

기업 대출금연체율 및 부실채권비율 추이

자료 : 한국은행, 금융감독원
주 : 부실채권비율=고정이하여신/총여신

금연체율이나 부실채권비율(고정이하여신비율)[5]을 보면, 오히려 안
정화되는 모습이다. 기업부채 규모가 늘고는 있지만, 연체나 부실
로 연결되지 않고 있다.

그러나 대기업과 중소기업을 구분해서 신용위험도를 분석해
보면 중소기업의 신용위험지수가 글로벌 금융위기 이후 가장 높은
수준으로 치솟았다. 대내외 여건이 불확실함에 따라 취약업종을
중심으로 기업의 신용위험이 상승했다. 특히 중소기업의 경우 실
물 경기 부진에 따라 채무상환 능력이 저하되고 신용위험이 높아
질 것으로 전망된다.

---

5 부실채권비율은 은행의 총여신 중 고정이하여신(3개월 이상 연체된 대출)이 차지하는 비중을 뜻
하는 것으로, 은행의 자산건전성을 평가하는 대표적인 지표 중 하나임.

국내은행의 차주별 신용위험지수 추이

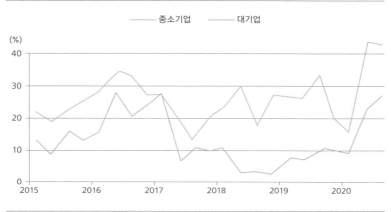

자료 : 한국은행
주 : +값은 신용위험 증가를, -값은 반대를 의미

가계부채 - 저소득층에 위험 집중돼

정부부채와 기업부채도 문제지만, 서민들의 삶을 보여주는 가계부채는 더더욱 간단히 넘어갈 수 없는 영역이다. 가계부채는 2002년 465조 원에서 2019년 1,600조 원으로 증가했다. 2020년 2분기에는 1,637조 원을 기록했다. 국민총소득(GNI) 대비 가계부채 비중도 2002년 59.4%에서 2004년 54.5%로 하락한 이후 추세적으로 상승하여 2019년 82.7%를 기록하고 있다. 가계부채 증가속도가 소득의 증가속도보다 빠른 것이다.

가계부채의 증가속도보다 더욱 주목해야 할 것은 채무상환능력이다. 즉, 채무를 변제할 수 있는 능력이 충분한지가 중요하다. 부채가 아무리 늘어도 갚을 능력이 있으면 문제가 아니기 때문

가계부채 동향

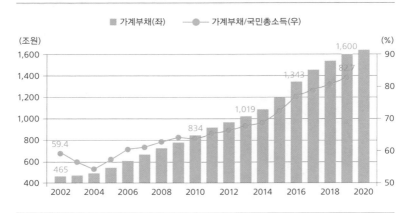

범례: ■ 가계부채(좌)　—●— 가계부채/국민총소득(우)

자료 : 한국은행(가계신용, 국민계정)
주 : 2020년 2분기 기준임

이다. 채무상환능력을 평가하는 보편화된 지표로 채무상환비율(DSR; Debt Service Ratio)이 있다. 채무상환비율은 가처분소득 대비 원리금상환액을 나타내는 지표로, 개별 가구의 채무불이행 가능성을 판단할 수 있을 뿐만 아니라, 개별 가구의 생계 부담 정도를 파악할 수 있다는 장점이 있다. 국제 금융기관들은 통상적으로 채무상환비율이 40%를 넘는 채무자를 채무불이행 가능성이 높은 '고위험군'으로 분류하고, 한국은행은 '과다채무가구'로 정의한다.

　가계부채의 문제가 저소득층에 집중되고 있다. 저소득층의 채무상환능력이 크게 떨어지고 있기 때문이다. 저소득층에 해당하는 소득 1분위 가구는 채무상환비율이 2019년 61.9%로, 소득의 60% 이상을 빚 갚는 데 쓰고 있다. 2016년에는 41.3% 수준이었으나 엄청나게 상승했고, 채무불이행 가능성이 높은 '고위험군'이 확

소득 5분위별 채무상환비율 추이

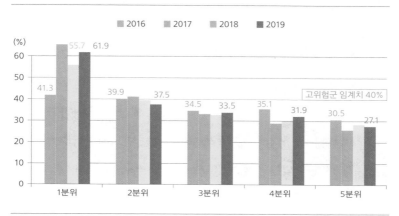

자료 : 통계청, 가계금융복지조사
주 : 금융부채 보유 가구를 대상으로 각 지표 추계

대됐다. 상대적으로 2분위 이상은 채무상환비율이 낮고, 2017년 이후 오히려 안정화되는 경향을 보였다.

　이자 상환 부담이 저소득층에게만 가중되고 있는 상황에서, 소득마저 불안하다. 소득의 선행변수는 고용이다. 즉, 저소득층의 소득 감소는 일자리 불안에서 비롯되는 것이다. 코로나19의 경제 충격은 대규모 실업난을 야기했고, 따라서 영세 자영업자와 비정규·임시·일용근로자들의 소득은 불안정해졌다. 이는 생계유지를 추가적인 부채에 의존하게 만들어 부채의 악순환에 처하게 할 수 있다.

부채경제 시대, 어떻게 견딜 수 있는가?

　'부채 다이어트'가 필요하다. 먼저 정부는 재정건전성을 고려한 정책 운용이 필요하다. 적극적 예산 지출이 경제성장(투자 확대, 소비 증진 등)으로 연결되고, 이는 다시 세입 증대로 이어질 수 있도록 말이다. 지금까지는 어쩔 수 없는 상황이었다. 그러나 2021년 재정집행계획과 조세·재정정책에는 규모 면에서의 확장적 재정정책이 아니라 질적 정책에 집중해야 한다. R&D 예산을 공여하고, 공적 인프라 건설을 단행하는 등의 세출계획에는 반드시 민간기업의 신산업투자로 연결되는 세입 목표가 반영되어야 한다. 다시 한번 강조하지만, 단순히 세율을 조정하는 일은 오히려 투자와 소비를 위축시켜 세입이 줄어들 수 있다. 악순환 구조를 만들지 말자. 경제충격이 집중된 산업과 계층을 선별해 지원을 집중하고, 이들이 건실하게 경영하면서 경제성장을 견인하도록 계획되어야 한다. 선순환 구조를 만들어야 한다.

기업의 신용위험을 관리해야 한다. 기준금리 인하와 무제한 양적완화 등의 통화정책과 함께 확장적 재정정책은 코로나19 상황에 대응하기 위한 긴급 처방이었다고 평가한다. 이제 부채를 고려한 정책이 필요하다. 기업의 신용위험은 중소기업에 집중되고 있다. 따라서 중소기업이 운영자금을 마련하고 안정적인 사업을 영위할 수 있도록 하는 정책적 마중물이 요구된다. 예를 들어, 중소기업들이 영위하는 도메인 사업과 정부의 디지털 뉴딜 및 그린 뉴딜 사업이 매칭되어 새로운 비즈니스 기회를 발굴하도록 유도할 필요가 있다. 한편 기업도 코로나19의 충격 이후 경제환경이 어떻게 변화할지를 적극적으로 탐색해야 한다. 포스트 코로나의 변화에 역행하는 것이 아니라, 선도할 수 있도록 준비해야 하겠다.

　가계의 채무상환능력을 보존해야 한다. 먼저, 공공근로사업이나 사회복지서비스업 등을 확충하여 저소득층이 근로소득을 통해 생계를 유지하고 원리금을 상환할 수 있도록 해야 한다. 근로능력이 없는 경우, 공적이전지출을 확대하여 사회안전망을 조성해야 하겠다. 둘째, 과다부채가구를 축소해야 한다. 감당하기 어려운 수준의 사업자금 마련 및 고위험자산 투자 등의 투기적 대출을 규제해야 한다. 마지막으로, 재무건전성 취약가구 대상의 금융지원이 확대되어야 한다. 높은 대출 문턱을 넘기 어려워 고금리 대부업체에 의존하는 가구를 대상으로 서민금융 지원을 확대하는 등 생활안정을 도모할 필요가 있다.

04 / 디플레이션 소용돌이
(Deflationary Spiral)

굿은 날이 지나고 나면 평온한 일상이 오기 마련이다. 비가 그치면 다시 맑은 날이 오는 것처럼 말이다. 그런데 충격적인 일이 있고 나면 일상으로 돌아오기 어려울 수가 있다. 홍수가 덮치면 집이 물에 잠겨 일상으로 돌아올 수 없듯이 말이다. 팬데믹은 경제에 일시적 충격을 넘어 구조적 변화를 가져올 것으로 보인다. 일시적 충격이 아니라 구조적인 변화라는 점에서 그 변화를 정확히 들여다볼 필요가 있다.

심상치 않은 국제유가의 흐름
코로나19의 경제충격은 소비와 투자 심리를 위축시켰다. 심리

뿐 아니라, 실물경제에 충격을 주었다. 고용을 불안정하게 만들면서, 사상 최대의 실업난을 야기했고, 이는 곧바로 소득 절벽과 소비 침체로 이어졌다. 이런 시국에는 자동차, 가전제품, 스마트폰과 같은 내구 소비재의 수요가 크게 위축된다. 공장 가동이 멈춰서고, 해운·항공 물동량이 줄었으며, 인적·물적자원의 이동이 단절되었다. 2020년 2분기 들어 금속, 비금속, 에너지 등의 원자재 가격이 최대 60% 급감했다.

특히, 국제유가의 흐름이 심상치 않다. 4월에는 서부 텍사스 원유(WTI, Western Texas Intermediate)가 선물시장에서 배럴당 −37.6달러를 기록하기도 했다. 수많은 경제학자들이 눈을 의심케 하는 숫자를 받아들여야 하는 초유의 일이 벌어졌다. 물건을 주면

국제유가 추이

자료 : 한국은행
주 : 현물 국제상품가격을 기준으로 함.

서 돈을 주는 경우는 극히 드문 일이다. 물건의 가치가 마이너스일 때 그러한데, 대표적인 예가 쓰레기다. 물론, OPEC+(OPEC과 10개 주요 산유국 모임)가 원유를 감산하기로 합의하면서 국제유가가 반등하기 시작했지만, 감산 이행이 향후 지켜질지에 대한 의문도 있고, 코로나19가 재확산될 때 감산량을 초과하는 수준의 수요 감소가 나타날 수도 있다.

국제유가 하락은 원유를 수입·가공해 석유제품을 생산·수출하는 국내 정유업계에게 큰 충격을 준다. 종전에 사놨던 막대한 양의 원유 가치가 떨어지는 것과 다름없기 때문이다. 특히, 복합정제마진이 배럴당 4달러의 벽을 넘지 못한 채 마이너스를 오르내리고 있다. 국내 정유사의 정제마진 손익분기점이 통상 배럴당 4~5달러라는 것을 감안하면, 매우 심각한 상황이다. 또한, 국제유가가 불안정할 때는 중동 등의 세계 석유화학 플랜트 발주량이 줄어서 국내 해외 건설사 및 엔지니어링 기업의 수주가 급감하게 된다. 전기차, 수소연료전지차, 태양광 발전 같은 재생에너지 관련 산업은 흉흉하기만 하다.

디플레이션이 오는가?

국제유가를 비롯한 원자재 가격 하락세는 무시무시한 구조적 변화를 초래할 수 있다. 한국의 물가상승률 추이를 보면, 2000년대 약 3.5% 수준을 유지하다가 2010년대 들어 약 1% 수준으로 하향 평준화되었다. 그러더니 2019년에는 0.4%로 내려앉고,

중장기 물가상승률 추이와 전망

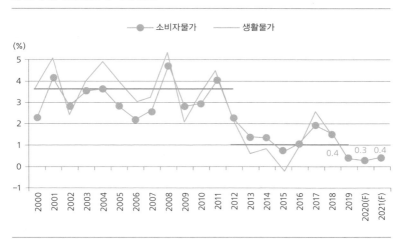

자료 : 한국은행, IMF(2020.4) World Economic Outlook.

2020년에는 0.3%로 더 하락할 것으로 전망된다. IMF는 코로나19 사태가 2020년 하반기에 완화될 것으로 가정했음에도 불구하고, 2021년 물가상승률을 0.4%로 전망했다. 만약 코로나19 확진자가 예상을 넘는 수준으로 확대될 경우, 물가상승률은 이마저도 어렵다는 결론이 도출된다.

디플레이션은 경제 전반에 걸쳐 상품과 서비스의 가격이 지속적으로 하락하는 현상을 가리킨다. 마치 팽창했던 풍선에 바람이 빠지면서 경제활동이 위축되는 모습과 같다. 최근 물가상승률을 보면, 디플레이션이 코앞에 온 듯하다. 2019년 한해 동안 물가상승률이 줄곧 1%를 밑돌았고, 9월에는 −0.4%를 기록하기도 했다. 2019년 하반기 두 차례의 기준금리 인하와 미중 무역갈등의 (일시

월별 물가상승률 추이

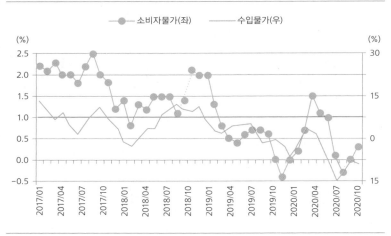

자료 : 한국은행

적) 완화로 물가가 회복되는 듯하다가, 코로나19 사태로 다시 급격히 하락하기 시작했다.

2020년 2월부터 줄곧 수입물가지수가 마이너스를 기록하고 있다. 2월 −1.0%, 3월 −7.9%, 4월 −14.6%, 5월 −13.0%, 6월 −7.3%, 7월 −9.0%를 기록했다. 소비자물가는 5월 −0.3%를 기록했고, 6월과 7월에 각각 0.0%, 0.3%를 기록하며 마이너스에서는 벗어났다. 그러나 통화정책의 효과나 농수산물 공급 부족에 따른 현상임을 감안하면, 디플레이션 우려를 지울 수 없다.

원자재 수급을 해외에 의존하는 한국의 경제 구조상 수입물가가 하락하면, 자연스레 소비자물가가 하락한다. 코로나19가 국내에서 종식되더라도 세계적으로 계속될 경우 물가하락을 막을 수

디플레이션 소용돌이를 막아야 한다

자료 : Shutterstock

없게 된다. GDP 디플레이터[6]도 2019년 1분기부터 줄곧 마이너스를 기록하고 있어, 경제 전반에 걸쳐 가격이 하락하는 추세임이 명확히 드러난다.

물가하락은 또 다른 물가하락을 일으킨다. 물건의 가격이 지속적으로 하락할 것이라고 믿으면, 가계는 소비를 미루기 마련이다. 기업도 투자를 단행할 수 없게 된다. 소비와 투자가 위축되면 물건의 가격이 추가적으로 하락하게 된다. 물가하락의 악순환이라

---

6 생산자물가지수(PPI)나 소비자물가지수(CPI) 뿐만 아니라 수출입물가지수, 임금, 환율 등 국민소득에 영향을 주는 모든 물가요인을 포괄하는 종합적인 물가지수로서 GDP라는 상품의 가격수준을 나타낸다고 할 수 있다. 생산자물가지수나 소비자물가지수와 함께 국민 경제 전체의 물가수준을 나타내는 지표로 사용된다.

는 고리에서 빠져나오기 어렵게 된다. 이를 경제학에서는 디플레이션 소용돌이(Deflationary Spiral)라고 명명한다. 대표적인 예가 바로 '일본의 잃어버린 20년'이다. 절대로 그러한 상황에 처해서는 안 되는 무서운 현상이다.

디플레이션 소용돌이, 막을 카드는 있는가?

지금, 이 상황이 더욱 심각하게 느껴지는 이유는 디플레이션을 막을 카드가 없다는 점이다. 도둑이 물건을 훔치러 왔지만, 주인이 묶여 있어 그걸 지켜만 보고 있어야 하는 상황이다. 앞서 나온 '1부 2021년 세계경제의 주요 이슈'의 6번째 주제 '완화의 시대: 역사상 최저금리 언제까지?'에서 확인할 수 있듯, 미국을 비롯한 세계 각국이 무제한 양적완화 및 대대적 기준금리 인하를 단행하는 완화의 시대에 진입했다. 미국은 마이너스 기준금리 도입 여부를 놓고 갈등이 고조되어 있지만 2009~2015년 동안 경험했던 가장 낮은 기준금리로 회귀했고, 한국은 건국 이래 가장 낮은 기준금리를 경험하고 있다.

중앙은행의 설립 목적은 물가안정에 있다. 기준금리를 결정하는 데 가장 중요한 고려요인이 물가라 해도 과언이 아니다. 한국은행은 물가안정목표를 2%로 상정하고 있다. 한국은행은 물가상승률이 최근 1%가 채 안 되는 상황에서 기준금리를 인하하는 등의 완화적 통화정책을 동원할 수 있다. 한국은행은 저물가 현상을 막기 위해 통화정책을 유연하게 활용하는 물가안정 목표제를 운영하고 있다. 그러나 디플레이션이 우려되는 심각한 상황에서도 이를 막을 수 있는 카드가 마땅히 없다는 점에서 긴장감이 가중된다.

디플레이션 상황을 막기 위한 유연한 경제정책

무엇보다, 디플레이션 소용돌이에 빠지지 않도록 해야 한다. 몇몇 전문가와 정책 의사결정자는 디플레이션이 아니라고 강조한다. 디플레이션은 아니다. 디플레이션 우려가 있는 것이다. 다만 디플레이션이라는 재앙이 너무 심각하므로, 아니라고 단정 짓기보다는 최악의 상황을 가정하고 정책대안을 마련하는 것이 필요하다. 더욱이 추가적인 기준금리를 인하할 수 있는 여지가 별로 없으므로 심각한 상황임을 인식하는 것은 매우 중요하다.

저물가 기조에서 탈피하기 위한 움직임이 필요하다. 저물가 상황은 코로나19 이후에도 경제가 뚜렷하게 회복되는 것을 어렵게 만든다. 정책적인 방향성이 기업의 성장을 촉진할 수 있는 투자환경을 조성하는 데 맞추어져야 한다. 근로조건 개선, 분배 정의 실현도 선진국으로 거듭나기 위해 한국경제가 추구해야 할 중요한 방향이지만, 지금 같은 위기 상황에서는 성장 정책으로 유연하게 대처할 필요도 있다. 디플레이션 소용돌이에 빠지면 분배 중심의 정책마저도 불가능하게 되기 때문이다. 정책의 방향은 코로나19 이후 경제가 일상으로 돌아올 수 있도록 하는 데 초점을 두어야 한다.

05 / 밀레니얼 세대와 Z세대, 이들이 가져올 경제적 변화

"궁금한 일이 있을 때, 네이버에게 묻습니까? 유튜브에게 묻습니까? 혹은 네이버에 검색하라고 옆 사람에게 시킵니까?" 간단한 질문일지 모르지만, 문화, 사회, 경제가 담겨 있는 엄중한 질문이기도 하다. 네이버를 활용하는 세대를 주로 X세대로, 유튜브를 사용하는 세대를 주로 밀레니얼 세대로 비유하고, 옆 사람에게 의존하는 세대를 베이비붐 세대로 분류하곤 한다.

밀레니얼 세대와 Z세대, 이들은 누구인가?

한국에서 베이비붐 세대는 1955~1963년에 태어난 사람을 일컫는다. 2021년은 베이비붐 세대의 맏형격인 1955년생과 1956년생이 각각 만 66세, 만 65세에 진입하는 해로, 대학교수의 퇴직도 본격화되기 시작하는 해다. X세대는 베이비붐 세대의 자녀 격이 되는 세대로, 1970~1980년에 태어난 사람을 뜻한다. 70~80년대 고성장의 수혜를 집중적으로 받았고, 현재 경제의 허리 역할을 맡고 있기도 하다.

밀레니얼 세대는 1981~1996년, 즉 1980년 이후에 태어났고 IMF 외환위기를 겪은 세대를 뜻한다. 고학력 세대이지만, 성장세가 둔화함에 따라 극심한 취업난을 겪은 세대이기도 하다. 한편, Z세는 IMF 외환위기를 경험하지 못한 1997년 이후 출생자를 가리킨다. 이들은 인터넷과 PC가 보급된 환경에서 자랐고, 인터넷강의를 통해 학습을 했으며, 온라인쇼핑에 익숙한 삶을 살고 있다. 사

2021년 연령대별 인구구조

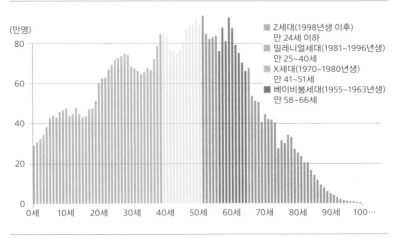

자료 : 통계청(2019.3), 「장래인구추계」
주 : 인구변동요인별(출생, 사망, 국제이동) 중위가정을 조합한 중위 추계 결과임.

회에 새로운 세대가 등장했고, 이들이 소비와 생산의 주역이 되면서 생기는 변화에 향후 어떻게 대응해야 할지는 매우 중요하다.

밀레니얼 세대와 Z세대의 소비

밀레니얼 세대와 Z세대는 적극적으로 소비를 즐기는 경향이 있다. KB국민카드는 2020년 밀레니얼 세대가 베이비붐 세대보다 월평균 소비지출액이 높을 것으로 추정한 바 있다. 베이비붐 세대는 상대적으로 어려운 경제 여건을 경험했기 때문에, 미래를 준비하는 경향이 있어서 저축 성향이 강하고, 소비 성향이 낮다. 반면, 밀레니얼 세대는 형제 없이 유일한 자녀로 태어나 VIB(Very Important Baby) 대접을 받으며 상대적으로 풍족한 여건에서 자랐기 때문에, 현재의 즐거움을 추구하는 경향이 크다. 나를 위한 소비를 즐기는 포미족(For me)이면서, 소소한 즐거움을 추구하는 경험소비와 가치소비를 즐긴다.

밀레니얼 세대와 Z세대가 소비자로서 등장하는 만큼 이들의 소비 패턴을 이해하는 일은 기업에게 매우 중요한 과제가 되었다. 더욱이 이들은 X세대와 베이비붐 세대의 소비 성향을 유도함으로써 미래 소비 트렌드를 결정짓는 경향이 있다는 점에서 더욱 주목할 만하다.

밀레니얼 세대는 베이비붐 세대보다 온라인 소비를 즐긴다. 밀레니얼 세대는 베이비붐 세대보다 온라인 쇼핑에 대한 의존도가 두 배 이상 높은 것으로 조사되었다. 산업적으로도 온라인과 오프라인

월평균 1인당 소비지출액

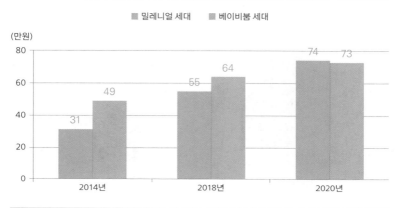

■ 밀레니얼 세대　■ 베이비붐 세대

자료 : KB국민카드
주 : 1~9월 동안의 카드이용액을 기준으로 함.

을 연결함으로써 기존의 오프라인 시장마저 온라인에서 주문과 결제를 마무리하는 O2O 서비스가 확대되어 가고 있다는 점에서 향후 온라인쇼핑 거래액은 더욱 가파르게 증가할 것으로 전망된다.

　온라인 쇼핑에 대한 의존도가 높아진다는 것은 지급결제라는 금융서비스도 급변할 것임을 예측하게 해준다. 필자는 『한 권으로 먼저 보는 2020년 경제전망』을 통해서 2020년에는 '동전 없는 사회'로의 도약이 상당한 수준으로 이루어질 것으로 판단했다. 모바일 간편결제 수단이나 지문·정맥·홍채·얼굴인식 등의 생체인증 기술이 도입되면서 지급결제 서비스의 혁신이 거듭될 것으로 전망된다.

온라인-오프라인 지급결제 비중

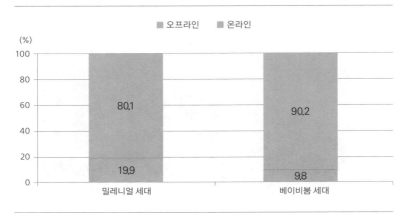

자료 : KB국민카드
주 : 1~9월 동안의 카드이용액을 기준으로 함.

생산(일)의 변화

밀레니얼 세대가 직장에 들어오기 시작하면서, 생산의 변화도 본격화된다. 2013년 5월 타임 지는 밀레니얼 세대를 'Me Me Me Generation'으로 정의한 바 있다. 밀레니얼 세대는 이전 세대보다 자기중심적이며, 사회적 기준보다는 '나'의 기준을 더욱 중요하게 여긴다. 밀레니얼 세대는 집단의식이 약하고 개인주의적 성향이 강하다. X세대가 신입일 때는 베이비붐 세대의 눈치를 보며 회식을 따라가고, 특별한 일이 없어도 야근을 했었다. 이제 X세대가 팀장이 되어, 팀원들이 따라 해주길 바라지만, 조직보다 '나'의 삶이 더욱 중요한 밀레니얼 세대는 그런 상사를 '꼰대'라 표현하고 있다.

밀레니얼 세대를 이해하는 것이 리더의 요건이 되고 있다. 다른 특성을 지닌 밀레니얼 세대와 함께 일하며 성과를 낼 수 있어야

밀레니얼 세대에게는 '나'가 중요하다

자료 : Shutterstock

하기 때문이다. 밀레니얼 세대는 안정보다 성장을 추구한다. 경쟁적으로 자랐고, 경쟁적으로 취업에 성공했다. 한 직장에 안주하지 않고, 자신의 발전에 도움이 되는 일을 추구한다. 주력 산업들의 구조조정을 지켜보았고, 부모 세대가 인력 감축의 대상이 됨을 경험했다. 밀레니얼 세대는 일의 의미나 가치가 있다고 인식하는 영역에는 주말 시간도 반납할 만큼 헌신하기도 한다. 일방적인 지시에 익숙하지 않은 밀레니얼 세대와 어울려 최적의 일 영역을 구상하고, 조직과 개인이 함께 성장할 수 있는 구조를 만드는 일이 매우 중요해졌다.

한편, 고객을 직접 대하는 서비스업의 경우도 밀레니얼 세대를 고려해 환경을 변화시켜 나갈 필요가 있다. 예를 들어, 밀레니얼 세

쇼핑 시 상대적으로 중요한 의사결정 요소

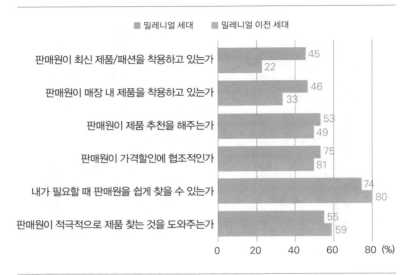

자료 : Boston Consulting Group

대와 이전 세대는 쇼핑 시 중요하게 고려하는 의사결정 요소가 다르다. 밀레니얼 세대는 상대적으로 '판매원이 최신 제품·패션을 착용하고 있는가', '판매원이 매장 내 제품을 착용하고 있는가' 등을 고려하는 반면, 이전 세대는 '내가 필요할 때 판매원을 쉽게 찾을 수 있는가', '판매원이 적극적으로 제품 찾는 것을 도와주는가' 등을 고려한다. 이처럼 밀레니얼 세대와 Z세대가 더 중요한 소비계층으로 부상함에 따라 다양한 고객 접점에서 제품과 서비스에 상당한 변화가 일어날 것으로 예측된다.

기업의 대응

'TV를 보지 않는 세대에게 TV 광고에만 의존해서 제품을 소구할 것인가?' 기업은 세대별 맞춤화된 접근을 시도할 필요가 있다. 세대별로 소비, 문화, 여가 등 여러 삶의 영역에서 영위하고 있는 패턴이 다르기 때문에, 이들을 정확히 이해하는 것은 절대적으로 중요하다. 특히, 소비시장에 중요한 대상으로 부상한 밀레니얼 세대와 Z세대의 특성과 소비 성향 및 미디어 의존도 등을 정밀하게 분석할 필요가 있다.

밀레니얼 세대와 함께 일하는 조직이 되어야 한다. 기존에 구축된 관성적인 문화는 밀레니얼 세대가 받아들이기 어려울 가능성이 크다. 이들이 추구하는 일의 영역과 방식을 수평적인 지위에서 함께 논의하고, 시너지를 낼 수 있도록 하는 방향으로 고민해 나가야 한다. 물론 밀레니얼 세대에게도 기존 세대를 이해할 수 있는 기회를 제공해야 한다. 밀레니얼 세대는 자기와 다른 세대에게 언제까지 '꼰대'라고 비난할 것인가? 밀레니얼 세대가 가진 혁신적인 아이디어가 기존의 기준으로 묵살되지 않고, 진취적으로 검토되는 조직문화도 필요할 것이다.

06 / 2021년 부동산 시장 전망 - 치대국 약팽소선

2021년 부동산 시장 전망 : 경로 이탈

'치대국 약팽소선(治大國, 若烹小鮮)'. 노자의 도덕경에 나오는 유명한 말이다. BC 600년경 중국인들은 작은 생선 여러 마리를 한꺼번에 꿰서 불가에 꽂아놓고 잘 익을 때까지 기다렸다. 이때 생선이 스스로 익을 수 있는 여건을 만들어줘야 한다. 작은 생선을 구울 때 센 불에 자주 뒤집으면 부서지기 때문이다. 노자는 생선을 굽듯이 나라를 다스려야 함을 강조했다. '무위(無爲)'의 리더십을 강조한 것이다. '무위'란 아무것도 하지 않는다는 소극적인 의미가 아니라, 스스로 할 수 있는 분위기를 만들라는 적극적 의미다.

'23번의 부동산 대책.' 언론이나 정치계 등에서 현 정부의 부동산 정책을 지적할 때 자주 등장하는 표현이다. 23번에 걸친 부동산 정책에도 불구하고, 집값은 멈출 줄 모르고 치솟았다. 김현미 국토교통부 장관은 "5번의 종합대책을 발표했다"고 말했지만, 국민의 공감을 사기엔 괴리감이 크다.

2020년 7월 국회에서 크게 화제가 된 대담이 있었다. 김현미 국토교통부 장관은 대정부 질의에서, "집 값 11% 정도 올랐다"고 답했다. 미래통합당 서병수 의원이 "현 정부 들어 어느 정도 집값이 올랐다고 보느냐"는 질문에 대한 답변이다. 서 의원은 "KB국민은행 숫자로 보면 52.7%, 한국감정원 수치로 보면 57.6%라는 부동산 가격의 폭증이 있다"고 반박했다. 누가 맞는 답변을 한 것일까? 둘 다 틀리지 않았다. 그저 서로 다른 데를 보고 있었다. 김 장관은 아파트, 연립, 단독주택 등을 포함한 서울시 집값을 보고 답변한 것이고, 서 의원은 서울시 아파트 값을 물었던 것이다.

집값은 국민의 전 재산이다. 국민에게 소유한 집의 가격은 곧 전 재산의 가치를 가리킨다. 임차인에게는 전 재산 이상의 가치를 가리키기도 한다. 그런 집값을 놓고 초점을 잃은 질문과 답변이 오갔으니 많은 국민이 분노했을 것이다. 2020년 하반기까지의 부동산 시장 동향을 진단하고, 2021년 부동산 시장을 객관적으로 전망해 보자.

2020년 하반기 부동산 시장 동향

2019년 하반기부터 아파트 매매가격 상승세가 지속되고 있다.

2019년 하반기 2차례의 기준금리 인하 시점부터 부동산 시장이 회복되기 시작했다. 『한 권으로 먼저 보는 2020년 경제전망』에서도 2020년에는 수도권을 중심으로 주택 매매가격이 상승할 것으로 전망했다. 2020년에는 코로나19의 대규모 확산과 함께 더욱 강도 높은 통화정책이 이행되기 시작했다. 역사상 가장 낮은 수준의 기준금리와 무제한 양적완화가 이행되었다. 2020년 통화정책의 구체적인 내용은 '1부의 6장. 완화의 시대: 역사상 최저금리 언제까지?'를 통해 확인할 수 있다. 이러한 완화적 통화정책은 자산가치 특히 부동산 가격을 크게 높이는 데 일조했다.

2020년 하반기에 주택가격 상승세가 두드러지게 나타났다. 아파트 매매가격상승률이 0 밑으로 하락한 적은 없지만 4~5월 중 0에 근접한 바 있다. 코로나19가 대구를 중심으로 거세게 확산할 때, 공포감과 불안감이 고조되고 사회적 거리두기 조치 등으로 매매거래가 크게 둔화한 적이 있다. 즉, 잠재적인 주택 거래가격은 상승했을 것이나 '집 보러 가기'가 멈추면서 거래가격이 오르지도 내리지도 않은 0에 가까운 상승률을 기록한 것이다. 매도자가 힘들었을까? 매수자가 힘들었을까? 사실 중개사무소가 가장 힘들었다. 2020년에는 저금리, 저물가 기조하에서도 주택가격이 떨어지지 않고 상당한 속도로 상승세를 지속했다고 평가된다.

전세가격도 상승세를 지속하고 있다. 유례없는 저금리 상황에 놓이면서 '월세 선호현상'이 두드러지게 나타났다. 집주인들이 전세를 월세로 전환하기 시작했다. 전세 보증금을 받아 은행에 저축

아파트 매매가격상승률과 전세가격상승률 추이

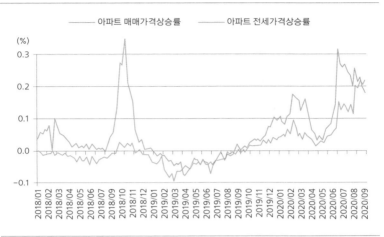

자료 : 국민은행, 주간KB주택가격동향
주 : 전주대비 상승률 기준임.

해 봐야 이자가 얼마 되지 않을뿐더러, 집주인 입장에서는 낮은 금리로 대출을 받고 월세를 받아 이자를 상환하는 것이 이익이기 때문이다. 더욱이 다주택자에게 세제 등의 부담을 가중시켜 주택을 매도하도록 유인하는 정책은 전세 공급을 더욱 줄어들게 만들기도 했다.

2021년 부동산 시장은 어떻게 움직일까? 다른 가격을 전망할 때와 마찬가지로, 주택 매매가격을 결정짓는 수요-공급-정책적 요인에 따라 진단해 보자. 부동산 정책은 주택 매매가격에 직접적인 영향을 미치는 요소라기보다, 수요와 공급에 영향을 주어 주택 매매가격을 상승 또는 하락시키는 요인으로 작용한다. (통계학에서는 종속변수인 주택 매매가격에 수요와 공급이 매개변수로, 정책이 독립변수로 영향을 미치는 구조로 설명한다.)

2021년 부동산 시장 정책여건

'주택시장 안정화.' 문재인 정부의 부동산 정책 기조다. 즉 주택 가격을 완만하게 하락시키는 데 목적을 두고 있다. '주택거래 활성화'를 추진했던 박근혜 정부와는 기조가 크게 다르다. 진보의 정치 기조는 초점이 '분배'에 있다 보니 매매가격이 하락해 저소득층도 '내집 마련'의 기회를 가져야 한다는 입장이고, 보수적 정치 기조는 초점이 '성장'에 있다 보니 거래가 활성화(가격 상승을 허용)됨에 따라 건설경기 회복 등 '경기 부양'을 유도해야 한다는 입장이다.

어느 것이 더 중요한가를 논하는 것은 경제적 판단이 아니라, 정치·철학적 판단이 될 것이다. 순수한 경제적 논점으로는 성장도 중요하고 분배도 중요하다. 다만 정치적인 판단에 따라 성장이든 분배든 하나에 더 무게를 두고 정책을 입안하게 된다. 가격이 오르면 자산을 보유한 자는 웃을 것이고, 그렇지 못한 자는 울 것이다. 반대로 가격이 내리면 자산을 보유하지 못한 자가 웃을 것이고, 보유한 자는 울 것이다. 모두를 만족시키는 정치는 없다. 다만, 가격을 잡겠다고 약속한 정부가 약속을 이행하지 못할 때 원성을 사게된다. 실제 정부가 2020년까지 국민에게 원성을 받아온 이유다.

문재인 정부가 내놓은 부동산 정책의 골자는 투기 수요를 줄이고, 실거주자를 위한 공급을 늘리는 데 있다. 그 방법으로 투기지역을 지정하고, 분양대상을 실거주자 중심으로 유도하며, 대출규

부동산 정책 발표 현황

년도	발표일	부동산 정책
2017	6.19	주택시장의 안정적 관리를 위한 선별적·맞춤형 대응방안
	8.2	실수요 보호와 단기 투기수요 억제를 통한 주택시장 안정화 방안
	9.5	8.2 대책 후속조치
	10.24	가계부채 종합대책
	11.29	주거복지로드맵
	12.13	임대주택 등록 활성화 방안
2018	6.28	2018년 주거종합계획, 제2차 장기 주거종합계획(2013~2022) 수정계획
	7.5	신혼부부·청년 주거지원 방안
	8.27	수도권 주택공급 확대 추진 및 투기지역 지정 등을 통한 시장안정 기조 강화
	9.13	**주택시장 안정대책**
	9.21	수도권 주택공급 확대방안
	12.19	2차 수도권 주택공급 계획 및 수도권 광역교통망 개선방안
2019	1.9	등록 임대주택 관리 강화방안
	4.23	2019년 주거종합계획
	5.7	제3차 신규택지 추진계획
	8.12	민간택지 분양가상한제 적용기준 개선 추진
	10.1	부동산 시장 점검 결과 및 보완방안 (시장안정대책, 분양가상한제 시행령 개정안 보완방안)
	11.6	민간택지 분양가상한제 지정
	12.16	**주택시장 안정화 방안**
2020	2.20	투기 수요 차단을 통한 주택시장 안정적 관리 기조 강화
	5.6	수도권 주택공급 기반 강화 방안
	5.20	2020년 주거종합계획
	6.17	**주택시장 안정을 위한 관리방안**
	7.10	주택시장 안정 보완대책
	8.4	서울권역 등 수도권 주택공급 확대방안

자료 : 대한민국 정책 브리핑(2020년 9월 20일 기준)

서울 신규택지 발굴을 통한 주택공급 확대방안

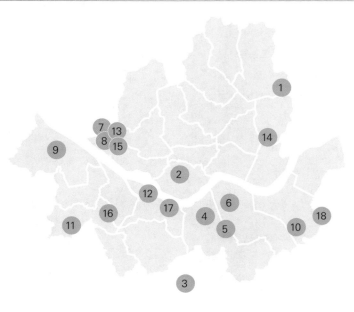

순번	대상지	호수	순번	대상지	호수
1	태릉 CC	1만	10	문정 미매각 부지	600
2	용산 캠프킴	3100	11	천왕 미매각 부지	400
3	정부 과천청사 일대	4000	12	LH 여의도 부지	300
4	서울지방조달청	1000	13	서부면허시험장	3500
5	국립외교원 유휴부지	600	14	면목 행정복합타운	1000
6	LH 서울지역본부	200	15	상암 견인차량 보관소	300
7	상암DMC 미매각 부지	2000	16	구로 시립 도서관	300
8	상암DMC 미매각 부지	2000	17	흑석 유수지 부지	200
9	SH 마곡 미매각 부지	1200	18	거여 공공공지	200

자료 : 기획재정부(2020.8.4.) 「서울권역 등 수도권 주택공급 확대방안」

제를 강화하는 등의 정책을 제시했다. 다주택자에 대한 세 부담을 높여 주거용 목적 이외의 주택은 처분을 유도하고, 실거주 목적이 아닌 투자 수요를 억제해 주택가격을 안정시키고자 해왔다. 청년·신혼·고령층에 대한 맞춤형 임대주택을 늘리는 정책을 포함해, 재건축초과이익환수제와 분양가상한제 및 강화된 가계부채 규제까지 발표해 왔다. 현재 기준으로 25번의 부동산 정책이 발표되었다.

2021년 가장 많은 주목을 받게 될 부동산 정책은 2020년 8월 4일 발표된 『서울권역 등 수도권 주택공급 확대방안』이다. 그동안의 대책들은 수요 억제책이었다. 대출 규제나 세금 부과를 통해 투기 수요를 누르면 가격이 안정될 것이라 생각했지만, 공급이 부족하다는 것을 인지하며 공급을 늘리겠다는 취지의 정책을 발표한 것이다. 특히, 서울을 비롯한 수도권을 중심으로 주택가격이 상승해 왔기 때문에, 수도권에 주택을 확대보급하겠다는 취지다.

정부는 공급이 수요를 초과하면 가격이 조정될 것으로 판단했을 것이다. 그러나 이 판단에는 몇 가지 오류가 있다. 첫째, 신규택지를 활용한 주택공급이 단기간 안에 이루어지지 않는다. 위에 제시된 주택공급 계획은 2021~2028년의 목표다. 택지 발굴 이후 '인허가 → 착공→ 준공'에 이르기까지 상당한 시간이 소요된다. 규모나 종류에 따라 다르지만, 인허가에만 1~2년, 착공 후 준공까지는 2~3년 정도의 시간이 걸린다.

둘째, 수요를 초과하는 수준의 공급이 아니다. 정부는 2028년까지 33,000호의 주택을 신규택지를 통해 공급하겠다는 계획이다. 앞의 표와 같이 공개된 신규택지 외 미공개부지를 포함한 규모다. 서울시 인구 천명당 주택이 약 381호(국토교통부, 2018년 기준)에 불과하고, 서울시 주택 자가점유 비율은 42.1%(국토교통부, 2015년 기준)다. 비수도권으로부터 서울로의 인구이동을 고려하면 수요를 충족하지 못하는 공급이다.

셋째, 유휴부지가 개발되면서 일어나는 가치의 상승은 고려되지 않았다. 삼성동 한전 부지를 예로 들어보자. 한국전력이 지방으로 이전하면, 기존 지역은 공터로 남아 있을까? 아니면 첨단도시로 개발될까? 현대자동차그룹은 3조 7천억 원 가량의 공사비를 들여 105층 규모의 글로벌비즈니스센터(GBC)[7]를 건립할 계획이다. 수많은 유휴부지와 공공기관 이전에 따른 신규택지에 아파트, 상업시설 및 생활 SOC가 들어서면 가격이 하락할까? 아니면 급등할까?

2021년 부동산 시장 수요 여건

매수세가 2020년에 비해 한풀 꺾일 것으로 전망된다. 매수우위지수[8]가 2020년 7월 94.7p의 고점을 기록하고, 하향 안정화되고 있다. 강력한 수요 억제책들이 발효됨에 따라, 투자·투기 수요가

---

7 GBC는 정몽구 회장의 숙원사업이자 현대차그룹의 국내 최고층 마천루 건립 프로젝트로, 오는 2026년 하반기 준공을 목표로 하고 있다. 현대차그룹은 지난 2014년 9월 옛 한국전력 부지(7만9천342㎡)를 매입했고 이곳에 통합사옥을 지을 계획이다. 지하 7층~지상 105층(569m) 규모의 그룹 통합사옥 건물과 호텔·업무시설, 공연장 및 최첨단 시스템을 갖춘 컨벤션 및 전시시설, 관광휴게시설, 판매시설 등이 들어선다.

8 매수우위지수는 0~200 범위 이내이며 지수가 100을 초과할수록 '매수자가 많다'를, 100 미만일 경우 '매도자가 많다'를 의미한다.

매수우위지수 추이

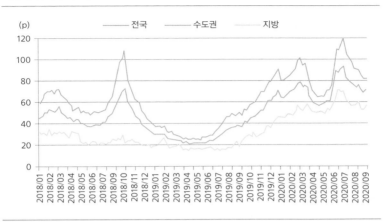

자료 : 국민은행, 주간KB주택가격동향
주 : 매수우위지수 = 100 + "매수자 많음" 비중 – "매도자 많음" 비중.

증폭되기는 어려운 상황이다. 다만, 무주택자의 '내집 마련 수요'가 강해지면서 매수세를 뒷받침할 것으로 판단된다.

금리도 매우 중요하다. 돈의 가치가 하락할 때 자산가치가 상승하는 것은 '물이 위에서 아래로 흐르듯' 자연스러운 현상이다. 금리는 돈의 가치를 뜻한다. 부동산 시장을 전망할 때 수요-공급-정책 측면을 다각적으로 분석해야 하지만, 금리는 수요와 공급에 영향을 미치는 선행변수이며, 가격에 직접적인 (역의) 영향을 미치는 요소로서 큰 흐름을 판단하는 가늠자 역할을 한다. 금리가 인하되는 경로 속에서 2020년 7월 매수세가 고점을 기록했다. 2021년까지 추가적으로 금리를 인하하기에는 어려운 여건이기 때문에 전고점을 넘어서기는 어렵다. 금리 수준도 중요하지만, 금리의 변화도 고려해야 한다. 즉, 저금리 수준이 유지됨에 따라 부동산 수요 여건은 양호하지만, 2021년 금리가 더 하락하지는 않기 때문에 2020년보다 수요가 증가할 수 없다는 의미다.

정부가 중점적으로 추진하는 뉴딜펀드도 매수세를 약화시키는 요인으로 작용할 것으로 판단된다. 뉴딜펀드에 관한 구체적인 내용은 2부 2장의 '2021년 국가운영 방향-'뉴딜펀드'의 기회와 우려'를 참조할 것을 권한다. 현재 뉴딜펀드에 관해 제기되는 우려 사항이 보완되어 2021년 상반기에 성공적으로 도입된다면, 부동산에 투자되었던 자금이 이동할 것으로 보인다. 특히 여유자금으로 투자의사가 있던 자가점유 가구가 뉴딜펀드로 자금을 이동시키는 과정에서 매수세가 다소 약화될 것으로 판단된다.

전술하였듯, 전세난이 심각해지면서 '내집 마련 수요'는 늘어날 것으로 보인다. 2013년부터 2017년까지 주택 매매가격이 급등하면서, 아파트 분양 물량이 급증했다. 해당 기간 가격상승세를 노린 투자자들이 적극적으로 매수했고, 투자자들이 매수했으니 전세 공급이 늘었다. 당시 전세난에 허덕이던 많은 가구가 전세에서 '내집 마련'으로 이동하기도 했다. 즉, 전세 공급이 늘고 전세 수요는 줄면서 2019년에는 역전세난이 왔다. 일부 지역에서는 집주인이 세입자를 구하지 못하는 일이 벌어졌다.

2019년 하반기부터는 역전세난이 다소 해소되다가, 2020년 전세난이 다시 찾아왔다. 전세수급지수가 2019년 중에 100p를 하회했지만, 반등하며 상승세로 전환했다.

전세수급지수 추이

자료 : 국민은행, 월간KB주택가격동향
주1 : 전세수급지수=100+공급부족−공급충분.
주2 : 0∼200 이내의 값을 가지며, 100을 상회하면 '공급부족 현상'을 나타냄.

2019년 하반기부터 2차례의 기준금리 인하로 '임대인의 월세 선호현상'이 나타나기 시작했다. 특히 코로나19 이후, 적극적인 기준금리 인하와 무제한 양적완화 등으로 시중금리가 급락하자, 이런 현상이 두드러졌다. 더욱이 다주택자에 대한 세제 부담 등으로 투자 수요가 차단됨에 따라 전세 공급이 더욱 가파르게 줄어들었다. 주택 투자 수요는 곧 전세 공급을 의미하기 때문이다. 전국 전세수급지수는 2020년 8월 180.5p로 2015년 10월 이후 최고점을 갱신하고 있다.

2021년 부동산 시장 공급 여건

2021년에는 '신규 주택' 공급이 줄어들 전망이다. 정부가 주택

공급 정책에 시동을 걸어 공공분양이 늘어나겠지만, 앞서 거론한 것처럼 2021년에 당장 이행되기는 사실상 불가능하다. 더욱이, 강력한 부동산 시장 규제책으로 건설사들의 주택 공급이 줄어들 것으로 전망된다.

주택 건설 인허가 실적은 주택 공급 규모를 결정짓는 선행변수다. 인허가 실적은 2015년 76.5만 호에서 지속적으로 감소해 2019년 48.8만 호를 기록했고, 2020년은 약 45만 호에 달할 것으로 추산된다. 인허가 이후 착공 및 준공에 이르기까지 약 2년 이상의 시간이 걸린다고 볼 때 2021년과 2022년 주택 공급량은 준다고 보는 것이 논리적이다.

'부동산 3법' 개정으로 2021년 '기존 주택' 공급이 대폭 늘어날 전망이다. 법인과 다주택자를 중심으로 보유 매물이 급증하고 있다. 국회가 '부동산 3법'을 의결하면서 매물이 '쏟아지고' 있다. 부동산 3법은 7·10 부동산 대책 후속 세법으로, 2020년 8월 『종합부동산세법·소득세법·법인세법 개정안』이 국회 본회의에 통과되었다. 이 법안은 정부가 그동안 발표해온 세제 관련 부동산 대책을 종합한 것이다. 종부세법 개정안에는 3주택 이상 또는 조정대상지역[9] 2주택 소유자에 대해 최대 6.0%까지 부과하는 내용이 담겼다. 법인세법 개정안에는 법인이 보유한 주택 양도세 기본세율에 더해

---

9 조정대상지역은 부동산시장 과열을 막기 위해 정부가 주택법에 근거해 지정하는 지역을 말한다. 주택가격 상승률이 물가상승률의 2배 이상이거나 청약경쟁률이 5 대 1 이상인 곳 등이 해당된다. 주로 수도권과 세종, 대전, 청주를 중심으로 조정대상지역이 지정되었다(2020년 6월 기준, 일부 지역 제외)

주택 건설 인허가 실적 추이

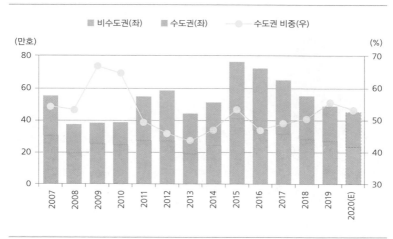

자료 :국토교통부, 한국건설산업연구원(2020.7)

매기는 법인세 추가세율을 현행 10%에서 20%로 상향하는 등의 내용을 담았다. 소득세법 개정안에는 2년 미만 단기 보유 주택과 다주택자의 조정대상지역 내 주택에 대한 양도세를 중과하는 내용이 담겼다. 세 부담이 가중됨에 따라 부동산 투자의 기대 수익률이 떨어졌고, 세무조사 압박도 커지고 있기 때문에 2021년에는 매도세가 더욱 강해질 것으로 보인다.

2020년 하반기까지는 주택의 공급과 수요가 균형을 이루는 모습이다. 미분양주택 추이를 보면 그러한 현상을 정확히 읽을 수 있다. 미분양주택이 2008년 12월 16.6만 호에서 2015년 8월 3.2만 호로 큰 폭으로 감소했으나, 이후 다시 급증하여 2015년 12월 6.2만 호를 기록했다. 2016년 이후에는 이 수준을 줄곧 유지하고 있는 모

지역별 미분양주택 추이

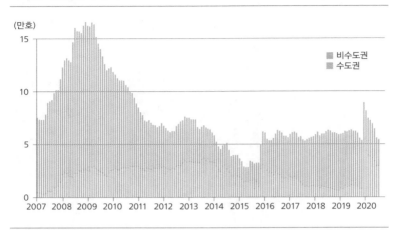

자료 : 국토교통부 통계누리

습이다. 주목할 만한 점은 수도권은 미분양주택이 크게 해소된 반면, 비수도권의 미분양주택이 증가했다는 점이다. 2016년부터 수도권 아파트 매매가격이 크게 상승한 반면, 비수도권은 하락해 온 현상을 미분양주택 추이를 통해 확인할 수 있다. 2020년 초 수도권을 중심으로 미분양 주택이 급증했으나, 하반기로 향하면서 빠른 속도로 해소되고 있는 모습이다. 2020년 한해 수도권 주택가격의 강한 상승세도 미분양주택 추이를 통해 고스란히 설명되고 있다.

2021년 부동산 시장 전망

먼저, 2021년 수익형 부동산 시장은 처참할 것으로 보인다. 상가, 오피스텔, 지식산업센터 등 수익형 부동산은 근래까지 주택시장 규제를 피해 투자가 집중되기도 했었다. 상용건물 시장은 투자 관점에서 주택시장의 대체재이기 때문이다. 2020년 코로나19의 충격은 이러한 상용건물 시장에 상당한 충격을 주었다. 사회적 거리두기와 셧다운 조치가 이행되면서 내수 상권이 꽁꽁 얼어붙었다. 기업 활동이 줄어들고, 재택근무가 적용되며, 회식이 급감하면서 '먹자골목'의 분위기는 흉흉하기만 하다. 온라인 쇼핑 같은 비대면 서비스가 확산함에 따라 상대적으로 경쟁력이 떨어지는 소상공인의 폐업이 늘고, 창업 열기는 얼어붙었다. 많은 자영업자가 폐업했고, 많은 사업자가 "남은 임차계약 기간 안에만 영업을 유지하겠다"는 입장을 보이고 있다. 2021년 수익형 부동산 시장은 매물이 해소되지 않는 적체 현상이 나타날 것으로 보인다. 즉, 창업 열기가 더디게 회복함에 따라 공실이 쌓여도 매수자가 나타나지 않아 거래가격이 조정될 것으로 전망된다.

2021년 전국 주택 매매가격은 약보합세로 전망된다. 2020년에는 주택가격이 급격한 상승세를 보이다가, 하반기 '부동산 3법'이 통과되면서 상승도 하락도 없는 보합세의 흐름으로 전환되었다. 법인 보유 주택이 매물로 나오면 실거주자 등의 매수로 빠르게 연결되면서 가격이 하락하지 않고 유지되는 모습이다. 이는 부동산 시장의 추세가 전환되는 과도기 모습이다. 주택시장에서 법인 보유 주택 거래량이 보통 20% 미만을 차지하기 때문에, 하락세 전환이 늦어지는 것이다. 결국, 법인이 아닌 개인의 매도세가 강하게 나타날 때 뚜렷한 가격 하락으로 나타난다. 따라서 다주택자가 보유 주택을 내놓을 수 있도록 양도세 부담을 시장의 상황에 맞게 조정하는 조치가 취해질 가능성이 크고, 2021년에는 공급이 수요를 초과해 가격이 다소 안정화되는 흐름이 나타날 것으로 보인다.

필자는 전작 『한 권으로 먼저 보는 2020년 경제전망』을 통해서 2020년 부동산 시장의 트렌드를 지역별 탈동조화(Decoupling) 현상으로 전망했다. 전국의 평균적인 아파트 매매가격은 완만하게 상승하는데, 이는 지방권의 가파른 하락세가 반영되기 때문이며, 수도권은 뚜렷한 상승세를 지속할 것으로 전망했다. 2020년까지는 실제 이러한 흐름이 이어졌다.

2020년에는 완화적 통화정책 등의 영향으로 강력한 부동산 규제에도 불구하고 수도권을 중심으로 가파른 가격 상승세가 나타났다. 지방의 경우 가격이 오히려 조정되었기 때문에 전국 평균 주택 매매가격은 완만하게 상승하는 흐름이었다. 2021년에는 정책적 노력이 집중되고, 수요 여건이 회복되지 않으며, 다주택자를 중심으로 한 공급이 확대되면서 부동산 시장이 하향 안정화될 것으로 보인다.

부동산 시장의 경로이탈, 기업과 가계는 어떻게 대응해야 하는가?

부동산 시장이 기존의 흐름으로부터 이탈하는 경로에 놓인 만큼, 건설사는 사업구조를 전환하는 출구 전략을 마련해야 한다. 2021년 정부가 추진하는 한국판 뉴딜사업으로부터 다양한 인프라 건설수요가 있기 때문에 주택건설(건축)에서 토목건설로 사업 포

아파트 매매 가격지수 추이

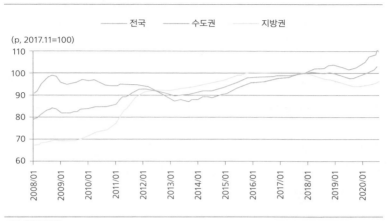

자료 : 한국감정원

트폴리오를 조정을 시도할 수 있겠다. 태양광, 풍력 등의 신재생에너지 보급과 건물의 에너지 고효율화에 노력이 집중될 것이고, 수소 및 전기 충전인프라 사업의 기회도 상당할 것이다. 노후 인프라를 디지털 인프라로 전환하는 정부 부문의 수요를 생각해 디지털 기술 기업을 M&A하거나 ICT 기업과 협업하고, 기술인재를 영입하는 등의 투자도 필요할 것이다. 건설사는 인력과 사업 부문을 국내 건설에서 해외 건설사업으로 중심을 옮기는 사업구조로 개편할 필요가 있다. 해외 주요국이 경기부양책의 일환으로 대규모 인프라 사업을 발주할 전망이다. 중국의 일대일로 사업 뿐만 아니라 각국의 대규모 건설사업이 계속 발표되고 있다. 특히 코로나19 종료 시점에는 기업과 정부의 '보복적 투자'가 나타날 것이기 때문에, 해외 건설사업을 개척해 기회를 포착할 필요가 있다.

가계는 2021년 가격 조정 가능성에 대비해야 한다. 정책의 방향성이 투자자와 실수요자를 명확히 구분하고 있으므로 독자들도 차별화된 의사결정을 내려야 한다. 먼저, 투자자라면 조정 기간을 고려해 투자 시점과 대상에 관한 섬세한 의사결정이 필요하겠다. 특히, 다주택자라면 소위 말하는 '똑똑한 한 채'를 보유하려는 결정이 요구될 것으로 보인다. 정부의 대규모 인프라 사업이 진행되는 과정에서 교통 인프라, 생활 편의시설, 공원과 같은 생활 SOC가 구축되는 지역이 있다. 평균 주택가격이 조정된다고 하더라도, 이러한 '주거 가치의 상승'이 특정 지역의 가격에 반영되어 나타날 것이기 때문이다. 한편, 실수요자라면 내집 마련의 기회를 포착해야겠지만 이 또한 신중해야 한다. '전 재산'을 투입해 마련한 '내 집' 가격이 하락한다면, 이는 합리적 의사결정이 아니다. 실수요자는 적극적으로 주택 분양을 시도할 필요가 있다. 오해가 없도록 기존 주택을 매매하는 것이 아니라 '청약을 통한 신규주택 분양'임을 강조한다. 신혼부부, 다자녀가구, 저소득층 등을 위한 공공주택 공급이 늘 것이고, 분양 기회도 많아질 것이다. 기존 주택을 거래하는 경우보다 상대적으로 저렴한 주택을 소유할 기회이기 때문에, 청약통장 개설 등 기본적인 준비를 해나갈 필요가 있겠다. 또한, 정책 지원을 적극적으로 활용할 필요가 있다. 실수요자 대상의 장기 저리의 금융지원이나 실수요자 중심의 신규주택 분양 및 취약계층 공공주택의 기회를 활용하기 위해, 다양한 부동산 후속대책 발표나 제도 개정에 관한 국회 의결 등에 관심을 가져야 하겠다.

3부

2021년 산업의
주요 이슈

01 / 데이터 경제, 새롭게 등장할 패권

　카드나 간편결제가 현금을 대체하고 있다. 지도책이 놓일 자리는 네비게이션이 꿰찼다. 큰길에 나가 택시를 잡던 승객은 자취를 감추고 택시 플랫폼이라는 '손안의 승강장'으로 이동했다. 금융서비스를 이용하기 위해 통장과 신분증을 들고 은행 창구를 찾던 사람은 인터넷·모바일뱅킹이나 인터넷전문은행 같은 스마트뱅크 플랫폼으로 옮겨갔다.

　아날로그에서 디지털로 전환되는 과정에서 다양한 변화들이 일어나고 있지만, 그 중에서도 가장 주목할만한 변화는 바로 '데이터'다. 데이터가 남지 않다가, 남기 시작한 것이다. 간편결제는 소비 데이터, 네비게이션은 운전행태 데이터, 택시 플랫폼은 위치 및 이동에 관한 데이터, 스마트뱅크 플랫폼은 금융 데이터를 축적하기 시작했다.

데이터 경제의 비약적 성장

데이터 경제란 '데이터의 활용이 다른 산업 발전의 촉매 역할을 하고 새로운 제품과 서비스를 창출하는 경제'로 정의된다. 데이터 경제(Data Economy)의 개념은 가트너(2011) 보고서(How to Plan, Participate and Prosper in the Data Economy)에서 처음 등장한 것으로 알려져 있다. 경제학 교과서는 생산의 3요소를 '토지, 노동, 자본'이라 정의하지만, 이는 이미 농경사회나 공업사회에나 어울릴 법한 케케묵은 이야기가 됐다. 토지보다는 '데이터'가, 노동보다는 '기술'이 더 중요해진 데이터 경제를 살아가고 있기 때문이다.

데이터 시장은 비약적으로 성장하고 있다. 데이터 생태계는 (1) 데이터를 생산·수집하고, (2) 가공·유통하며, (3) 활용함으로써 경제적 효용을 창출하는 가치사슬 체계로 구성돼 있다. 경제적 효용에는 기존 산업을 혁신하거나 신산업을 창출하는 것 등을 포함한다. IDC는 국내 데이터 시장이 2022년까지 연평균 10.9% 성장하여, 약 2조 2,000억 원 규모에 이를 것으로 전망했다. 데이터를 활용하기 위해 요구되는 하드웨어와 소프트웨어 시장도 확대되고 있지만, 데이터를 분석하고 활용하는 등의 서비스 시장이 급성장할 것으로 전망했다.

국내 데이터 시장규모 추이 및 전망

자료 : IDC

세계 주요국들의 데이터 경제 패권 경쟁

미국은 2016년에 『빅데이터 R&D전략』과 『국가 AI R&D 전략』을 발표하며, 세계 최고의 경쟁력을 보유하기 위한 선제적 움직임을 펼치고 있다. 구글은 AI 기반 검색 최적화, 대화형 AI(Duplex), 고성능 AI 데이터 처리 칩(TPU), 자율주행자동차 등 미래 신산업에 활용될 AI 기술 확보에 주력하고 있다. 캐글(Kaggle)과 같은 데이터 과학(Data Science) 관련 스타트업을 인수하는 등의 행보도 주목할 만한 점이다. 아마존은 고객데이터와 AI 기반으로 맞춤화된 자동배송 서비스를 제공하는 새로운 비즈니스 모델을 제안하는가 하면, 아마존 Echo(스마트스피커), Go(무인점포), AWS(AI 기반 클라우드) 등의 사업 영역을 고도화하고 있다. 마이크로소프트는 5천명 이상의 컴퓨터 과학자 및 엔지니어가 참여하는 AI 비즈니스 조직을 도입하고, 데이터와 AI 기반으로 한 클라우드 서비스(Azure)를 강화하고 있다.

유럽연합(EU)도 2017년 『데이터 경제 육성 전략』을 발표하고, 2018년 개인 데이터 보호를 강화하기 위해 『개인정보보호규정(GDPR)』을 시행하며, 2020년까지 AI 산업 육성에 민·관 합동으로 200억 유로(26조 원)의 투자계획을 이행 중이다. 일본도 2017년 『미래투자전략』을 발표하며 데이터와 AI 중심의 산업을 선도할 방향성을 마련했고, 2019년에는 『AI 종합 전략』을 통해 데이터 개방 및 AI 상용화를 추진하기 위한 로드맵을 만들었다.

중국은 더 앞서는 모습이다. 2015년 『빅데이터 발전 촉진 행동 요강』을 발표하고, 2017년 『빅데이터 산업 발전 비전』과 『차세

미국과 중국의 AI 관련 특허 공개 추이

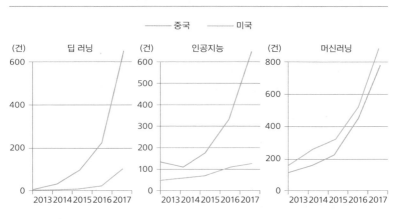

자료 : CB Insights
주 : EPO(European Patent Office)에 공개된 특허의 표제 및 초록 내 키워드 검색 건수 기준

대 AI 발전 규획』을 발표했다. 중국 정부는 2030년까지 AI 핵심산업을 1조 위안 규모로 육성하고자 계획하고 있다. 알리바바는 빅데이터를 활용해 소비자의 구매심리를 자극할 수 있는 최적 광고 시간대를 찾는 등 데이터 기업으로의 성장세가 괄목할 만하다. 중국은 AI 관련 특허 출원 및 공개 건수에서 이미 미국을 압도하는 모습을 보이고 있다. 중국은 딥러닝(Deep Learning)과 AI에서는 물론이고, 머신러닝(Machine Learning) 분야에서도 미국을 바짝 추격하고 있다. WIPO(세계지식재산기구)의 통계에 따르면, AI 특허 상위 500개 기업 중 중국이 110개, 미국이 20개에 달한다. 한국은 4개에 불과하다. 특징적인 점은 중국의 AI 특허가 주로 컴퓨터 비전 분야(화상 얼굴 인식 기술)에 집중되어 있는데, 이는 딥러닝의 핵심 영역에 해당한다는 사실이다.

한국의 데이터 경제, 어떻게 이행하고 있나?

정부는 2018년 8월 데이터 경제로의 전환을 선언하고, 과학기술정보통신부는 2019년 1월 『데이터·AI 경제 활성화 계획』을 발표했다. 데이터의 수집·유통·활용에 이르는 가치사슬 전주기를 활성화하고, 세계적 수준의 인공지능 혁신 생태계 조성 및 데이터와 인공지능 간 융합을 촉진하고자 계획했다. 2023년까지 국내 데이터 시장을 30조 원 규모로 성장시키고, 인공지능 유니콘 기업 10개를 육성할 목표를 세웠다. 인공지능 융합 클러스터를 조성하고, 전문인력 1만 명을 양성하는 것도 계획했다.

데이터 3법 개정은 데이터 경제로 전환하는 교두보 역할을 할 것으로 보인다. 2020년 8월 데이터 3법이 시행됨에 따라, 데이터 경제에 적합한 제도적 기반이 마련된 것이다. 무엇보다도 가명 정보(추가정보 없이는 특정 개인을 알아 볼 수 없는 정보)의 개념을 도입했다. 가명 정보는 이름, 주민등록번호, 의료기록, SNS 활동 등의 민감 정보를 비식별화(De-identification)해 특정 개인을 알아볼 수 없게 처리한 정보를 의미한다. 활용하지 못했던 데이터가 가명 정보로 처리돼 다양한 활용이 가능해질 예정이다. 다른 데이터와의 결합이 가능하도록 했고, 데이터의 산업적 활용 가능성이 크게 높아졌다. 기업은 금융, 소비, 의료, 에너지, 교통 등의 다양한 데이터들을 결합하여 마케팅, 제조, 재고 관리 등에 활용할 수 있게 된다. 예를 들어, 네비게이션 회사는 운전자의 주행속도, 가속, 급감속 등의 운전습관 데이터를 수집·분석하고, 보험회사와 교류해 실시간으로 맞춤화된 보험료 산정을 진행할 수 있다.

규제산업이라고 일컬어지던 금융산업에서도 규제 혁신의 돌풍이 불고 있다. 2019년 12월 오픈뱅킹 서비스가 은행뿐만 아니라 핀테크 사업자에게까지 전면 확대되었다. 소비자 입장에서는 하나의 앱으로, 거래하고 있는 모든 은행의 계좌를 관리할 수 있게 된 것이다. 아파트 관리비 앱이나 가계부 관리 앱을 통해서도 은행 거래 내역을 확인할 수 있게 되었다. 금융위원회는 모바일과 인터넷 외에 ATM 기기, 점포 등 오프라인 채널을 통한 오픈뱅킹 서비스를 허용하는 것도 검토 중이고, 오픈뱅킹 참여기관도 저축은행, 우체국 등 제2금융권으로 확대해 나갈 것으로 보인다.

더불어 마이데이터(My Data) 산업은 금융 데이터 활용의 핵심 축으로 부상할 것으로 보인다. 마이데이터는 데이터에 대한 권한을 정보 주체인 개인에게 부여한다는 것이 골자다. 개인은 '정보 이동권(Right to Data Portability)'을 갖고, 데이터 개방을 요청하면 기업이 보유한 데이터를 제3자에게 개방하도록 하는 것을 의미한다. 마이데이터 산업을 활성화함에 따라 소비자는 금융회사 등에 흩어져 있는 자신의 다양한 정보를 한눈에 파악하고, 쉽게 관리할 수 있게 된다. 은행, 보험회사, 카드회사 각각에 접근할 필요 없이 손 안에서 관리할 수 있는 포켓 금융(Pocket Finance) 환경이 조성되는 것이다. 은행 데이터의 개방에 한정한 오픈뱅킹에서 한 단계 나아간 제도인 것이다. 즉, 여러 개의 은행 통장에 잔액이 얼마나 있고,

신용정보법 개정에 따른 소비자의 기대효과

은행(계좌정보), 카드회사(결제정보),
보험회사(납부정보) 등에 흩어져 있는
정보를 한 눈에 파악하기 어려움

마이데이터 서비스를 통해 흩어져 있는
개인신용정보를 한 번에 확인하고
통합 분석이 가능

자료 : 금융위원회

이번 달 복수의 카드에서 얼마씩 자동결제되는지를 확인하고 관리하는 게 불편했지만, 앞으로 하나의 금융플랫폼에서 종합적으로 관리할 수 있게 된다.

나아가 마이페이먼트(My Payment) 산업은 금융, 유통, 통신, 미디어, 제조 등 다른 산업 사이의 경계를 허물어트릴 것으로 전망된다. 데이터 3법 개정을 통해 마이데이터 산업 육성을 위한 기반을 마련했다면, 금융위원회는 전자금융거래법 개정을 통해 마이페이먼트 산업을 도입할 계획이다. 마이페이먼트는 결제자금을 보유하지 않고도 이용자의 지시에 따라 결제 서비스를 제공하는 지급지시서비스업(PISP)을 가리킨다. 결제자금을 보유한 상태에서 결제서비스를 제공하는 신용카드업과는 성격이 다르다. IoT냉장고가 식자재 주문과 결제를 진행하거나, AI 스피커가 송금과 결제를 이행하는 것과 같이 비금융회사의 간편결제 서비스 도입이 가속화될 전망이다. 향후 키오스크는 얼굴(안면인식)이나 손바닥(지문, 정맥)을 통해 고객을 구분할 수 있고, 제품을 주문만 하면 이미 등록된 결제수단으로 자동결제가 이루어질 것으로 전망된다.

데이터 경제를 리딩하는 기업들

나이키는 사물인테넷 기술이 적용된 운동화 깔창을 통해 바이오 빅데이터를 수집하고, 실시간으로 분석한 데이터를 활용해 헬스케어 서비스를 제공한다. 기존 의료기관이 질병 발생 뒤 진단 과정을 거쳐 치료 및 처방을 해주던 서비스와는 다른 모습이다. 비자

카드는 위치 기반의 빅데이터를 이용해 소비자의 소비패턴을 예측하고, 실시간으로 맞춤화된 디지털 쿠폰을 발급해 준다. 카드 발급 시 제공하는 종이 쿠폰은 소비자에게 전혀 유용하지 않거나 필요에 부합하지 않은 경우가 많은데 이와는 다른 모습이다. 아마존은 빅데이터를 활용해 개별 소비자들의 소비패턴을 이해하고 주문 없이도 배송을 해주는 '예측 배송(Anticipatory Shipping)' 서비스를 진행한다. 많은 전자상거래 기업이 빠른 배송을 가지고 경쟁할 때, 아마존은 데이터를 활용해 자동으로 배송처리를 하고, 남은 물건을 '반송'하는 데 집중한다.

데이터 경제는 거래비용을 낮추고, 정보 비대칭 해소와 도덕적 해이 방지에 드는 기간을 단축한다. 카카오뱅크는 SNS상의 비정형 데이터를 활용해 고객의 채무 상환 태도를 평가하고, 실시간에 가까운 대출서비스를 제공한다. 기존 금융사들이 원천징수영수증, 재직증명서 등의 서류를 요구해 며칠에 걸쳐 채무상환능력과 신용도를 평가하는 것과는 다른 모습이다. 티맵은 속도, 급가속, 급감속 등 운전행태 빅데이터를 수집·분석해 '운전습관' 점수를 산출하고, 소비자가 동의하면 DB손해보험, KB손해보험 등과 공유해 보험료 할인 혜택을 제공한다. 운전자의 사고율이나 주행거리 등을 무시한 채, 서비스를 제공하는 보험 가입의 과정과는 다른 모습이다.

이밖에도 온도, 습도 등의 작황 환경 데이터를 활용해 농장을 관리하는 스마트팜은 1차산업이라고 불리는 농업의 모습을 바꾸어 놓았다. 작업공정의 다양한 센서를 활용해 수집한 실시간 데이터를 활용해 적정재고를 유지하고 제품 품질을 관리하는 스마트팩토리는 2차산업 즉 제조업의 모습을 변화시켰다. 가정에서의 라이프 스타일 빅데이터를 이용하는 스마트 홈, 도로 내 다양한 인프라나 다른 자동차들과 실시간 빅데이터를 교환하는 자율주행차에 이르기까지 빅데이터는 기업의 경쟁력을 결정하는 가장 중요한 생산요소가 되고 있다.

데이터로 리드하라

기업이 이런 데이터 경제를 리드하려면 다음을 유념해야 한다. 첫째, 빅데이터가 어떤 분야에서 활용될 수 있을지 이해해야 한다. 사실 활용될 분야는 '전부'다. 기업은 영위하는 산업 분야에서, 제공하는 제품과 서비스에서 어떻게 빅데이터를 활용해 혁신적인 무엇을 소비자에게 제공할 수 있을지 고민해야 한다.

둘째, 가용할 만한 데이터를 축적하라. 기업이 경영·활동하는 모든 순간에 정형 혹은 비정형 데이터가 생성되기 마련이다. 어떤 데이터를 축적할 수 있고, 이러한 데이터를 효율적으로 축적할 수 있는 방법이 무엇인지 검토해야 한다. 기업의 여건에 맞는 데이터 수집·저장·분석 체계를 수립하는 것이 필요하다.

셋째, 공공빅데이터를 활용하라. 정부는 2018년부터 공공빅데이터 구축 및 개방을 추진해 왔고, 결과물이 도출되기 시작했다. 다음 내용은 과학기술정보통신부가 공공과 민간이 협업해 양질의

10대 공공빅데이터 플랫폼

- 통신 빅데이터 플랫폼: bdp.kt.co.kr
- 교통 빅데이터 플랫폼: diamond-e.kr
- 문화 빅데이터 플랫폼: culture.go.kr/bigdata
- 환경 빅데이터 플랫폼: envbigdata.kr
- 중소기업 빅데이터 플랫폼: datastore.wehago.com
- 지역경제 빅데이터 플랫폼: ggdata.kr
- 금융 빅데이터 플랫폼: fnbigdata.com
- 헬스케어 빅데이터 플랫폼: cancerportal.kr
- 유통소비 빅데이터 플랫폼: kdx.kr
- 산림 빅데이터 플랫폼: forestdata.kr

데이터를 생산·구축한 빅데이터 플랫폼 리스트다. 기업은 정부가 제공하는 공공빅데이터와 기업 내부 데이터를 연동해 활용성을 높여야겠다.

　마지막으로, 산업 간 경계가 허물어지고 있음을 예의 주시해야 한다. 비금융사는 독자적인 빅데이터 플랫폼을 활용해 금융서비스를 제공할 수 있다. 금융사는 마이데이터 및 마이페이먼트 라이선스를 취득하는 동시에, 비금융데이터를 활용한 비즈니스 모델도 탐색해야 한다. 제도, 정책, 규제의 변화를 주시하면서 새롭게 진출할 수 있는 유망 사업 영역을 발굴하는 노력이 요구된다.

참고 | 개인정보보호법 개정안 주요 내용

1. 개인정보 개념 명확화
- 개인정보에의 해당여부에 대한 판단 기준 제시 (제2조제1호 개정)
- 가명정보의 개념(개인정보를 원상태로 복원하기 위한 추가정보를 사용하지 아니하고는 특정 개인을 알아볼 수 없는 정보) 명시 (제2조제1호 개정)
- 익명정보는 개인정보보호법의 적용을 배제 (제58조의2 신설)

2. 가명정보 및 개인정보의 이용범위 확대
- (가명정보의 이용·제공 확대) 통계작성, 과학적 연구, 공익적 기록보존의 목적으로 가명정보의 이용·제공 가능 (제28조의2 신설)
- (개인정보의 추가 이용·제공) 당초 수집목적과 합리적으로 연관된 범위 내에서 정보주체 동의없이 개인정보의 추가 이용·제공 가능 (제15조, 제17조 개정)

3. 정보집합물 결합 근거 마련
- 기업간 데이터 결합은 전문기관(보안시설구비)에서 수행(제28조의3 신설)
- 결합된 데이터를 기관 외부로 반출시 개인을 알아볼 수 없는 형태로 전문기관의 승인을 거쳐 반출 (제28조의3 신설)

4. 개인정보처리자의 책임성 강화
- 가명정보 처리 및 결합시 안전조치 의무 부과 (제28조의4 및 제28조의5 신설)
- 가명정보 처리 및 결합시 특정개인을 알아보는 행위 금지의무 및 위반시 형사벌, 과징금 등 벌칙 부과 (제28조의5 및 제28조의6 신설 등)

5. 개인정보보호 추진체계 효율화
- 개인정보보호위를 국무총리 소속 중앙행정기관으로 격상 (제7조 개정)
- 행안부·방통위(전부), 금융위(일부) 개인정보보호 기능을 보호위로 이관
- 개인정보 보호와 관련, 다른 부처에 대하여 공동조사 요구권, 행정처분에 대한 의견제시권 부여 등 보호위의 컨트롤타워 기능 강화

자료 : 과학기술정보통신부

02 / 언택트
뉴노멀

매년 2~3월이면 학생들이 분주했다. 새 학기를 시작하는 들뜬 마음으로 이것저것 준비하는 모습을 학교 앞 문구점에서 쉽게 볼 수 있었다. 시끌벅적했던 문구점 풍경은 이제 쉽게 찾아볼 수 없다. 문구점 사장님의 역할은 온라인 쇼핑몰 직원이나 배달직원으로 대체되었다. 새 학기를 준비하는 방법이 비대면화된 것이다.

2020년의 새 학기에는 준비하는 학용품이 바뀌었다. 코로나19 사태는 우리 경제를 크게 변화시키고 있는데, 교육도 예외일 수 없었다. 초중고교 개학을 미뤄 오다가, 4월 9일부터 온라인 개학을 시행했다. 이에 따라 필기구가 아닌 PC, PC용 카메라 등의 판매가 급증했다. 비대면화된 교육으로의 전환 결과였다.

신학기 상품 판매액 증가율

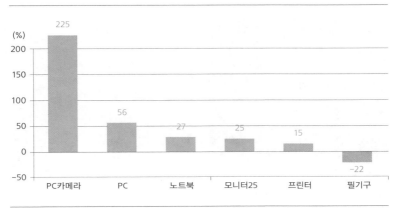

자료 : G마켓
주 : 3월 25일~31일 기준(전년동기대비 증가율)

언택트 서비스, 디지털 트랜스포메이션의 가장 거센 물결

언택트(Untact)는 '접촉하다'라는 의미의 '콘택트(Contact)'와 부정사 '언(Un)'의 합성어다. 이는 사람과 사람이 직접 만나지 않는 비대면 및 비접촉을 뜻하고, 무인, 셀프, 자동화 트렌드를 의미한다. 이를 가능하게 하는 기술을 총괄해서 언택트 기술(Untact Technology)라고 하고, 이에 기초해 유통, 금융, 교육, 이동 등을 제공하는 기업 경영을 언택트 서비스(Untact Service)라고 한다. 필자는 『경제 읽어주는 남자의 디지털 경제지도』를 통해서 디지털 트랜스포메이션의 거스를 수 없는 물결을 5가지로 정리했는데, 언택트는 그 중 첫 번째 물결이다.

물건을 사지만 점원을 만나지 않는다. 온라인 쇼핑으로의 전환 때문이다. 택시를 타지만 기사와 대화를 나눌 필요가 없다. 카카

대학 내 실시간 온라인 강의

자료 : 김광석
주 : 필자가 한 대학에서 80여 명의 학생들과 실시간 소통하면서, '디지털 트랜스포메이션'을 주제로 강의하고 있다.

오택시는 택시를 잡고, 타고, 결제하는 전 과정에서 기사와 대면할 일을 없애주는 언택트 서비스를 제공하는 것이다. 수업을 받고 있지만, 선생님이나 동료를 만나지 않는다. 은행 서비스를 이용하고 있지만 은행원을 만나지 않는다.

대면 서비스에서 비대면 서비스로의 전환은 산업 전반에 걸쳐 일어나고 있는 현상이었다. 다만, 코로나19 사태로 '사회적 거리두기'가 강조되면서 언택트 서비스의 이용은 더욱 급증했다. 언택트 서비스의 이용은 일시적인 증가에 머무는 것이 아니라, 그 전환을 가속화할 것으로 전망된다. 기술 수용 모형(TAM, Technology Acceptance Model)[1]에 기초해 해석하자면, 소비자의 (신)기술 수용

---

1   김광석, 정호진, 장용재(2012), "기술상용화의 결정요인에 관한 실증연구 : 자동차 산업을 바탕으로," 기술혁신연구 20권 1호.

성은 유용성(Usefulness)과 사용 편의성(Ease of Use)에 의해 결정되는데, 이런 외부적 영향으로 유용함과 편리함을 지각하고 나면 해당 서비스에 대한 긍정적 인식이 강하게 체화될 것이다.

예를 들면, 온라인 강의를 시도해 본 경험이 없는 시니어 교수도 '강제적으로' 경험을 하고 나면, 서툴렀던 영역의 스킬도 학습하게 되기도 하고, 의외의 유용함과 편리함을 지각하게 될 것이다. 학생도 불편과 시간을 비용으로 지불해 가면서 수업을 들을 필요가 없고, 대학도 오프라인 강의실을 운용하는 비용을 줄일 수 있다. 코로나19 이후에는 대학에서 온라인 강의 비중이 늘어날 것으로 보인다.

언택트 서비스 전 산업에 들어와

온라인 쇼핑은 유통산업의 비대면화를 대변해 주다시피 한다. 2013년에는 전체 소매판매액에서 온라인 쇼핑이 차지하는 비중이 10.9%였으나, 2020년 2월 현재 32.7%에 이른다. 특히, 온라인 쇼핑은 PC 기반의 '인터넷 쇼핑'과 휴대폰 기반의 '모바일 쇼핑'으로 구분되는데, 2015년 모바일 쇼핑이 시장의 과반을 장악한 이후, 압도하고 있는 모습이다. 코로나19 사태는 이러한 경향성을 가속화하고, 2021년에는 전자상거래 기업의 수익 실현뿐 아니라 시장 장악력 또한 엄청날 것으로 판단된다.

온라인 쇼핑은 빅데이터, 가상·증강현실(VR·AR), 인공지능 기술이 맞물려 더욱 고도화되고 있다. 빅데이터에 기초해 어떤 제품

온라인 쇼핑과 오프라인 쇼핑 거래액 비중

자료 : 통계청
주 : 1) 전체 도소매판매액 대비 온라인 쇼핑 거래액 비중 기준
2) 2017년부터 온라인 쇼핑 동향조사 표본 개편

판매 매체별 온라인 쇼핑 거래액 비중

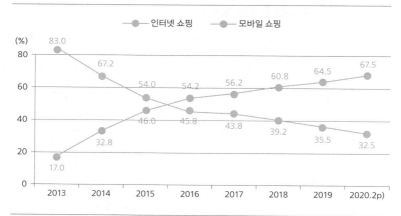

자료 : 통계청
주 : 1) 전체 도소매판매액 대비 온라인 쇼핑 거래액 비중 기준
2) 2017년부터 온라인 쇼핑 동향조사 표본 개편

을 구매할 것인지 예측해 주문 없이도 상품을 공급해 준다거나, 가상·증강현실 기술을 활용해 옷을 입어 보거나 가구를 배치해 보는 등의 경험을 제공하고 있다. 또한, 인공지능 기술을 활용해 소비자의 기호에 맞춤화된 상품을 추천해 주기도 한다.

오프라인 유통매장에서도 점원을 만날 기회는 이미 줄어들었다. 대형 프렌차이즈들이 키오스크를 도입해 주문과 지급결제를 비대면화 하고 있다. 중소 자영업자들도 키오스크를 활용해 운영 효율성을 높여나가고 있다. 키오스크는 생체인식 기술을 도입해 개인인증과 지급결제를 자동화하거나, 음성 챗봇과 융합해 대화가 가능해지고 있다. 국내 1위 챗봇기업 와이즈넛(WISEnut)은 스마트폰 챗봇과 3D기술을 융합해 실감형 키오스크 개발을 선도하고 있다.

와이즈넛(WISEnut)의 실감형 키오스크 콘셉트

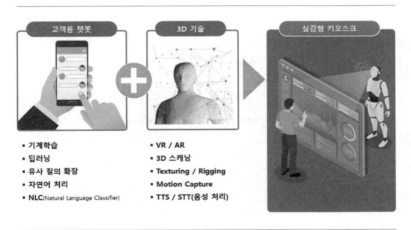

자료 : WISENUT 제공

금융산업은 더하다. 인터넷뱅킹의 도입은 은행 지점을 방문하는 횟수를 급격히 줄였다. 더욱이 인터넷전문은행 시대가 열리면서, 은행원을 만나지 않아도 거의 모든 금융서비스를 손안에서 처리할 수 있게 되었다. 카카오뱅크와 케이뱅크에 이어, 비바리퍼블리카가 '토스뱅크' 설립 인가를 받아 진출을 준비 중이다. 다자 경쟁구도로 재편되는 만큼 금융소비자에게는 더욱 편리한 서비스가 제공될 것으로 보인다. 그뿐 아니다. 로보어드바이저를 도입한 각 금융사는 자산관리라는 금융서비스를 비대면화 해나가고 있다. P2P 금융플랫폼은 투자와 대출 등의 금융서비스에서 은행 자체를 배제하고 있다. 무인은행으로 진화하고 있는 트렌드는 오프라인 금융서비스마저 언택트화하고 있음을 실감케 해준다.

그 밖의 모든 영역에서 언택트화가 진행되고 있다. 코로나19 사태로 G7 재무장관회의나 G20 정상회담도 화상으로 진행했다. 재택근무를 이행하는 기업들은 ZOOM과 같은 화상회의 플랫폼을

바이두(Baidu)의 안면인식기술을 도입해 제공하는 ABC의 무인은행 서비스

자료 : ABC(The Agricultural Bank of China)

마이다스아이티의 인공지능 채용시스템(화상면접)

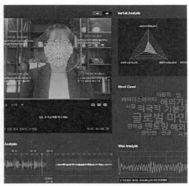

자료 : 마이다스아이티(MIDAS IT)

활용하기 시작했다. 언택트 채용 방식도 꾸준히 증가하다가 코로나19 사태로 더욱 가속화하고 있다. 현대자동차, SK이노베이션 등의 기업이 채용 절차의 일부 혹은 전 과정을 언택트로 진행하기 시작했다. 인공지능 기반으로 서류 전형부터 화상 면접까지 비대면 채용솔루션을 제공하는 마이다스아이티는 2020년 상반기 기준으로 고객사가 300여 곳에 달한다. 인크루트도 화상 면접 솔루션과 클라우드 기반의 온라인 필기시험 서비스를 제공하고 있다.

언택트 뉴노멀 시대의 전략

기업은 영위하는 산업 내에서 대면화된 서비스를 어떻게 비대면화할 수 있을지를 점검해 볼 필요가 있다. 이는 고객에게 제공하는 서비스 경쟁력이자 차별화된 서비스가 될 것이다. 고객과의 접점뿐만 아니라 다양한 경영 활동의 영역에 걸쳐 언택트 기술의 도입을 모색해 보아야 한다. 이는 비용 절감 및 운영 효율화와 직결될 것이다. 온라인·모바일 중심 사회에서 소비자의 소비패턴에 걸맞은 비대면화 서비스를 제공하는 것은 선택이 아니라 필수가 될 것이다.

국내외 주요 기업이 어떤 언택트 서비스를 제공하고 있는지 탐색할 필요가 있다. 구글, 애플, 아마존, 페이스북, 마이크로소프트 등과 같은 빅테크 기업의 선도적인 언택트 서비스도 중요하지만, 경쟁사의 대응도 주시해야 한다. 어떤 솔루션을 도입하는지, 어떤 언택트 기술을 활용해 차별화된 서비스를 제공하는지를 확인해야 한다. 언택트가 뉴노멀이 된 시대에 뒤처진 기업은 소비자로부터 더 쉽게 외면받을 수 있음을 기억해야 한다.

03 / 지급결제산업의 혁신 : 생체인식 기술과 디지털 ID 보급

모든 것이 아날로그에서 디지털로 전환되고 있다. 즉, 디지털 트랜스포메이션이 진전되고 있다. 신분증도 예외일 수 없다. 아날로그 신분증은 디지털 방식으로 전환되고 있다. 공항, 은행, 관공서 등 다양한 공간에서 개인 인증 절차를 간단·간편하게 만들어주고 있다. 개인 인증 절차의 디지털 트랜스포메이션은 크게 두 가지로 분류할 수 있다.

생체인식 기술의 범용화

첫째는 생체인식 기술의 활용이다. '나'임을 증명하는 절차가 얼굴, 홍채, 목소리, 지문, 정맥으로 대체되는 것이다. 이미 국내 공항 탑승수속이 신분증 없이, 지문과 정맥으로 진행할 수 있게 바꿔었다. 나아가 금융권 바이오 정보와 공항 내 개인 인증이 연결될 계획이다. 2019년 6월 금융결제원은 한국공항공사와 금융권 바이오 정보 공동 활용을 위해 양해각서(MOU)를 체결했다. 또한, 금융회사에 바이오 정보를 등록한 고객이 국내 공항에서 신분 확인, 탑승수속, 면세점 결제, 환전, ATM 및 식음료시설 등을 원스톱으로 이용할 수 있도록 금융권 공동 바이오인증시스템과 한국공항공사의 인프라 연계를 추진할 계획이다.

정맥 인증기술은 이미 대부분의 금융회사에서 도입을 완료했다. 금융결제원에 따르면, 바이오 정보 유출 및 프라이버시 침해를 원천적으로 차단할 수 있어 현재 금융권에서 안정적으로 확대 운

아날로그 신분증을 대체할 생체인식 기술

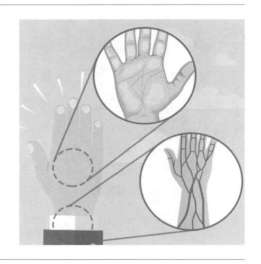

영하고 있다. 나아가 국제표준화를 추진하고 있다. 금융결제원은 금융권 공동 바이오 인증 서비스를 제공하기 위해 바이오 정보 분산관리센터를 운영 중이며, 금융회사의 바이오 인증, ATM 및 스마트 무인점포 등의 서비스를 지원하고 있다.

생체인식 기술의 활용은 이미 다양한 영역으로 확산하고 있다. '얼굴'이 출입증화 되면서 기업은 사원증을 사용하지 않아도 된다. 국내 병원은 병동 출입관리에 AI 안면인식 기술을 도입하기 시작했다. 코로나19 확산에 따라 신체 접촉 없이 병동을 출입할 수 있도록 함으로써 감염병 예방뿐만 아니라 정확한 동선파악이 가능해져 역학조사에도 활용할 수 있게 되었다.

프로스트와 설리반(Frost&Sullivan)은 Global Biometrics Market, Forecast to 2024(2024 글로벌 생체인식 시장 분석 보고서)를 통해, 세계 생체인식 기술 시장규모가 2024년까지 연평균 19.6%로 성장해, 459억 6,000만 달러 수준에 달할 것으로 전망했다. 스마트폰과 IoT 사용량이 급증함에 따라 모바일 생체인증이 보편화될 것으로 예측한 것이다. 향후 생체인식 기술은 신분 정보와 함께 지급결제 수단이 함께 등록되면서 모바일 쇼핑이나 오프라인 환경에서의 무인쇼핑 등에 활용될 것으로 보인다.

디지털 신분증, DID 시대가 온다

디지털 ID는 개인 인증 절차가 디지털 트랜스포메이션 되는 중요한 영역이다. 즉, 아날로그 신분증이 탈중앙 신원인증(DID,

Decentralized Identifiers)으로 전환될 것으로 전망된다. 이미 우리 삶의 많은 영역에서 인쇄된 문서가 전자문서로 대체되고 있기 때문에, 디지털 ID는 더이상 특별한 일이 아닌 게 되었다. DID 서비스는 블록체인을 활용한 '모바일 신분증'으로서 공인인증서와 주민등록증을 대체할 것이고, 아이디나 비밀번호마저 필요 없게 만들 것으로 판단된다.

기존의 신원 또는 자격증명 확인 방식은 중앙집중형이다. 즉, 국가나 기업이 해당 정보를 보유하고, 개인이 발급받아 사용하는 방식이다. 예를 들어, 주민등록 정보를 보유한 주민센터로부터 주민등록등본을 발급받고, 금융 정보를 보유한 은행으로부터 공인인증서를 받으며, 병적기록을 보유한 병무청으로부터 병적 증명을 받는다. 이러한 중앙집중형 방식에서는 해커가 시스템을 공격해 수

모바일 전자증명 앱 '이니셜'

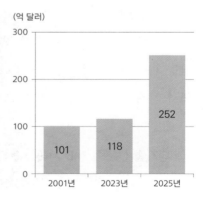

자료 : SK텔레콤

디지털 ID 시장규모 전망

(억 달러)

		252
	118	
101		
2001년	2023년	2025년

자료 : 라온시큐어

많은 개인정보를 탈취할 수 있기 때문에, 보안에 매우 취약하다는 약점이 있다.

반면, DID 서비스는 블록체인 네트워크상에 연결된 각 참여 기관 및 사용자들이 해당 정보를 분산적으로 저장하고, 암호화 기술을 사용하여 공유하고 있어 사이버 보안 능력이 매우 높다. DID 는 기본적으로 정보의 주체(사용자 혹은 개인)가 각종 정보를 직접 관리할 수 있다. 필요한 정보(성명, 주민등록번호, 전화번호, 주소, 금융 정보 등)를 스마트폰을 통해 언제든 제시할 수 있다. 주민센터, 은행, 병무청 등의 기관이 블록체인 네트워크상에서 진위를 실시간으로 검증해 주기 때문에 허위나 조작이 불가능하다.

DID가 상용화되면, 다양한 장소에서 개인의 신원을 확인 및 증명하는 것이 가능해지기 때문에 다양한 산업에서 주목하고 있

3대 DID 연합

	MYiD alliance	DIDinitial	⊐:⊐ DID ALLIANCE
블록체인 개발사	ICONLOOP	SK telecom	RAON SECURE
주요 참여기관	금융투자협회	코스콤	금융결제원, 한국전자서명포럼, 한국 FIDO산업포럼
참여사 특징	금융권	통신사, 대기업	글로벌IT
관련 정부부처	금융위원회	과학기술정보통신부	과학기술정보통신부
참여기관	44개	11개	56개

자료 : 각 기관

다. 국내에서 추진되고 있는 3대 DID 연합에는 '마이아이디 얼라이언스(My-ID Alliance)', '이니셜 DID 연합(DID Initial)', 'DID 얼라이언스 코리아(DID Alliance Korea)'가 있다. 각각의 DID 연합은 은행, 증권 등의 금융사가 중심이 되거나, 통신사 혹은 IT 기업이 중심을 이루고 있다. 기업에 따라 2개 이상의 연합에 참여하기도 한다.

행정안전부는 2020년 말까지 블록체인 기반 모바일 공무원증 시스템을 구축할 계획이다. 2021년부터 중앙부처 공무원은 각자의 스마트폰에 모바일 공무원증을 발급받아 정부청사를 출입할 수 있게 될 것으로 보인다. 이 신분증은 오프라인 공간뿐만 아니라 온라인 출입 통제에도 활용된다. 공무원이 DID 인증을 통해 내부 업무시스템에 접속하는 것도 가능해질 전망이다.

지급결제산업의 혁신

애플, 구글 등의 빅테크 기업은 모바일 간편결제 및 송금 서비스를 경쟁적으로 출시해 왔다. 아마존, 이베이, 알리바바 같은 전자상거래 기업도 지급결제 서비스를 간편화하는 데 중점을 두고 있다. 마이크로소프트, 바이두, 파나소닉 등의 IT 기업은 생체인식 기술을 고도화하고 있다. 국내에서도 이러한 흐름이 뚜렷하게 전개되고 있다.

이미 생체인식 기술과 화자 인증 기능을 활용한 결제시스템은 다양한 영역에 도입 혹은 시범운영 중에 있다. 패미리마트는 파나소닉의 안면 인식 기술을 도입한 무인편의점를 오픈했다. 세븐일레

본도 이미 롯데카드가 개발한 정맥 인식 기술 등을 활용해 무인편의점을 오픈했다. 구글은 구글페이(Google Pay)와 구글 어시스턴트(Google Assistant)를 연동해 '말 한 마디로' 개인간 송금(P2P)이 가능한 서비스를 선보였다. "OK, Google, ○○○에게 송금해줘" 한 마디로 송금이 가능해졌다. 공인인증서, 복잡한 ID와 비밀번호, OTP가 필요 없어졌다. 구글은 AI 스피커 구글홈(Google Home)을 통한 송금 기능도 탑재할 예정이다. 목소리만 듣고도 오직 '나'의 명령만을 수행할 수 있게 하는 '화자 인증' 기능을 갖춰나가고 있다.

개인 인증과 지급결제 혁신에 대응하라

기업은 디지털 개인 인증 기술을 활용해 차별화된 서비스를 제공할 필요가 있다. DID는 2020년 상용화를 추진하고, 2021년 다양한 영역에 범용화될 것으로 전망된다. 오프라인 대면 환경에서도 키오스크와 접목해 개인 인증 및 지급결제 절차를 간소화할 수 있고, 온라인 환경에서도 소비자를 식별하는 절차를 줄이고 개인에게 초맞춤화(Hyper Customization)된 서비스를 제공할 수 있다.

한편, 지급결제 혁신에 주목할 필요가 있다. 금융사는 물론이고, 유통사, IT 기업, 플랫폼 기업, 교통 서비스업, 교육 서비스업 등 전 영역에 걸쳐 혁신적 지급결제 서비스를 활용하거나 지급결제 기술을 구축하는 노력이 필요하다. 생체인식 기술과 디지털 ID를 활용한 개인 인증 절차 간소화가 추진됨에 따라 다양한 영역에서의 지급결제 혁신도 두드러지게 나타날 것으로 보인다. 지급결제 분야의 R&D 투자를 강화하거나 생체인증 전문기업과의 기술 제휴도 필요하다. 지급결제 혁신을 내재화하려는 기업의 노력은 단순한 서비스 혁신뿐 아니라 빅데이터를 확보하는 데 있어서도 경쟁력을 높여줄 것으로 판단된다.

정부의 지원책도 마중물 역할이 되어야 하겠다. 한국은행은 '동전 없는 사회' 프로젝트를 확대 추진해야 하고, 금융위원회는 금융사의 비금융 비즈니스 진출 및 협업의 길을 열어주어야 한다. 규제 샌드박스나 규제자유특구 같은 완화된 규제환경을 제공할 필요도 있다. 더욱 다양한 영역에서 공공빅데이터와 민간 데이터를 병합해 사용할 수 있도록 환경을 마련해 국내 지급결제 기술이 세계를 선도할 수 있도록 해야 한다. 퍼블릭 블록체인(Public Blockchain)을 공급함으로써 기업이 활용할 수 있는 인프라를 조성하고, 다양한 산업에서 대기업과 기술을 보유한 스타트업이 교류할 수 있는 장을 마련해야 한다.

투자를 고려하는 개인들은 개인 인증 플랫폼을 서비스하는 기업이나, 생체인식 기술을 보유한 기업, 지급결제 시스템을 혁신하는 기업, 혁신적 개인 인증 및 지급결제 시스템을 선도적으로 활용하는 기업을 주의 깊게 관찰할 필요가 있다.

다양한 산업에서 지급결제 서비스를 놓고 치열한 경쟁을 벌이고 있다. 그 어떤 산업보다 가파른 기울기로 성장할 유망산업으로 보기 때문이다. 오프라인 쇼핑에서 온라인 쇼핑으로 이동하고, 대면 서비스에서 비대면 서비스(Untact Service)로 전환되고 있는 변곡

점이다. 현금에서 카드로, 카드에서 모바일결제로 디지털 트랜스포메이션이 일어나고 있다. 이제 모바일결제에서 어떤 방식으로 전환이 일어날지를 주목해야 한다.

04 / 핀테크, 테크핀, 그리고 빅테크

과거 금융산업은 금융사끼리만 경쟁하던 구조였다. 지점 입점 전략, 금융상품 전략, 마케팅 전략을 통해 은행과 은행이, 증권사와 증권사가 경쟁하던 산업이었다. 금융사만이 영위하던 금융산업에 비금융사가 진입하기 시작하면서 또 다른 경쟁 양상이 벌어지기 시작했다. 금융산업 내에서 은행과 IT 기업이, 혹은 IT 기업과 IT 기업 간 경쟁으로 양상이 바뀐 것이다. 이 과정에서 등장한 용어가 핀테크(FinTech)[2]와 테크핀(TechFin)이다. 금융사가 다양한 금

---

2 핀테크(FinTech)는 금융(Finance)과 기술(Technology)의 합성어로, "기존 금융시장 및 금융기관에 중대한 영향을 미치는 새로운 사업 모델, 응용 프로그램, 프로세스 및 상품을 야기하는 기술 기반의 금융 서비스 혁신"으로 정의됨 (Financial Stability Board, 2017)

FinTech? vs TechFin?

citibank
CHASE ◎
🛑 신한은행
◎ 우리은행

금융기업

금융서비스를
모바일/IoT로
어떻게 담지?

모바일/IoT로
금융을 어떻게
제공하지?

Google
amazon
NAVER
kakao

IT기업

자료 : 김광석(2019), 『경제읽어주는남자의 디지털 경제지도』, 지식노마드

융서비스를 모바일로도 제공하는 움직임을 핀테크라고 한다면, 테
크핀은 ICT 기업이 제공하는 다양한 모마일서비스에 금융서비스
도 포함하는 움직임을 뜻한다.

빅테크 기업의 언번들링

핀테크와 테크핀 간 격돌은 소위 빅테크(Big Tech)[3] 기업이 특
정 금융서비스를 기존 금융사보다 '더 잘' 전달하기 시작하면서 더
크게 부상했다. 특히, 'GAFA(Google, Amazon, Facebook, Apple)'로
불리는 미국의 빅테크 기업과 'BAT(Baidu, Alibaba, Tencent)'로 대
표되는 중국의 빅테크 기업이 독자적인 기술을 바탕으로 차별화된
금융서비스를 제공하면서, 금융산업이 새롭게 재편되고 있다.

---

3 빅테크는 Big과 Technology의 합성어로, 광범위한 고객 네트워크를 통해 기존 금융 상품과 유사
한 금융 상품 및 서비스를 직접 제공하는 대형 기술 회사로 정의 (FSB, 2019)

아마존은 기업을 선정해 운용자금을 대출해 주는 아마존 대출(Amazon Lending)을 출시하며, 대출 서비스 대상을 개인에서 기업으로까지 확대하고 본격적으로 금융시장에 진입하기 시작했다. 페이스북의 메신저페이(Messenger Pay)뿐만 아니라, 구글페이(Google Pay), 바이두지갑(Baidu Wallet)과 같은 지급결제 서비스의 혁신이 두드러졌고, 알리바바의 마이뱅크(MyBank)와 텐센트의 위뱅크(WeBank)의 은행서비스 진출은 금융산업에서 있을 상당한 지각변동을 예고하는 복선과 같았다. 국내에서도 삼성페이, 네이버페이, 카카오뱅크 같은 빅테크 기업의 움직임은 온국민이 이미 체감하고 있을 정도다.

네이버파이낸셜은 5월에 수익과 포인트 적립을 동시에 제공하는 상품을 출시한다고 밝혔다. 2020년 3월 말 서비스를 시작한 카카오페이증권은 두 달 반만에 이용자 100만 명을 넘겼다.

빅테크 기업의 주된 특징들 중 하나는 '언번들링(Unbundling)'이다. 금융사들이 제공하는 지급결제, 대출, 자산관리, 보험 등에 이르는 모든 금융서비스를 전달(Bundling)하는 것이 아니라, 이를 모두 해체·분리(Undundling)하고 하나의 서비스만 '더 잘' 전달하는 방법인 것이다. 정부는 금융기관에 대해 안정성 규제와 감독 의무를 부과하고 있다. 이 때문에 금융산업은 대표적인 규제산업으로 꼽힌다. 빅테크 기업은 다양한 금융서비스를 언번들링하여 수행함으로써 규제를 회피하고 있다고도 볼 수 있다. 이러한 점에서 빅테크 기업들이 전통 금융기업들에 비해 규제 측면에서 우위가

주요 빅테크 기업의 금융 진출 사례

기업	주력사업	지급결제	대출	계좌발급	자산관리	보험
Alibaba	전자 상거래	Alipay	MYBank	MYBank	Yu'e Bao	Xiang Hu Bao
Tencent	게임	Tenpay	WeBank	WeBank	LiCaiTong	Shuidih uzhu
Baidu	검색엔진	Baidu Wallet	Baixin Bank	Baixin Bank	–	–
Vodafone	이동통신	M–Pesa	M–Pesa	M–Shwari	–	–
Apple	전자기기	Apple Pay	–	–	–	–
Amazon	전자 상거래	Amazon Pay	Amazon Lending	–	–	–
Facebook	소셜 미디어	Messenger Pay	–	–	–	–
Google	검색엔진	Google Pay	Google Tez(India only)	–	–	–

자료 : FSB(Financial Stability Board)

있다고 할 수 있으며, 그래서 '기울어진 운동장'이라고 한다.

빅테크 기업들의 경쟁력과 금융산업의 긴장감

빅테크 기업들은 플랫폼 가입자 풀과 기술력을 바탕으로 무점포·비대면 접근에 강점이 있다는 점에서 상당한 경쟁력이 있다. 기존 금융사들이 점포를 활용한 대면 접근을 시도했다는 점과 비교하면 차별화가 도드라진다. 특히, 소비자들은 비대면 서비스에 대한 편리함과 유용성을 인식하면서 빅테크 기업이 제공하는 금융서비스에 대한 의존도가 증대하고 있는 상황이다. 뿐만아니라, 빅테크 기업들이 플랫폼을 통해 구축한 정형·비정형 데이터는 소비자에게 실시간으로 맞춤화된 서비스를 제공하는 것이 가능하게 했다.

특히, 선진국을 중심으로 오픈뱅킹이 의무화되고, 규제가 완화되는 과정에서 빅테크의 금융업 진출이 가속화하고 있다. 예를 들어, 유럽연합(EU)에서는 2015년 11월 지급결제 서비스 지침(Payment Service Directive)이 통과되어 소비자 동의가 있을 경우 면허를 소지한 빅테크 기업이 기존 은행망의 지급결제 기록에 접근할 수 있도록 허용했다. 우리나라에서도 2018년 은산분리(산업자본의 은행 지분 보유 제한) 대원칙이 완화되면서 인터넷전문은행에 한정해 IT 기업이 은행산업을 소유(최대 34%)할 수 있게 되었다. 그러나 매년 2차례 대주주 적격성 유지 심사를 받아야 해서 안정적 경영이 어려웠으나, 2020년 5월 들어 '인터넷전문은행 설립 및 운영에 관한 특례법 일부개정법률안(인터넷전문은행법)'이 통과되면서, 빅테크 기업의 인터넷전문은행 출범이 가속화할 것으로 보인다. P2P 대출산업에 대한 규제가 완화되었고, 2019년 들어 규제샌드박스를 도입하고, 규제자유특구를 지정하는 등 규제 여건이 개선되고 있다. 데이터 3법(개인정보보호법, 정보통신망법, 신용정보법)도, 불필요한 중복규제를 개정하는 법안도 2020년 1월 9일 국회 본회의를 통과했다. 그 밖에도 오픈뱅킹과 마이데이터 산업 추진으로 빅테크 기업이 금융산업의 표준을 뒤집어 놓을 것으로 전망된다.

빅테크 기업은 이미 규모 면에서 세계적인 금융사를 압도하고 있다. GAFAM(Google, Amazon, Facebook, Apple, Microsoft) 뿐만 아니라, 알리바바와 텐센트도 세계적인 금융사를 상회하는 규모의 시가총액을 기록하고 있다. 앤트 파이넨셜(Ant Financial)은 알리바

빅테크 기업과 대형 금융기관의 시가총액 비교

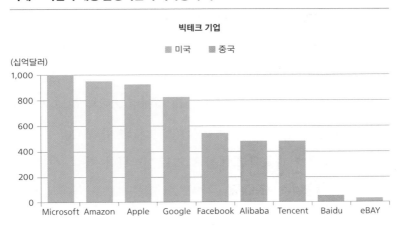

빅테크 기업

금융회사

자료 : FSB(Financial Stability Board)
주1 : 2019년 4월 30일 기준 시가 총액
주2 : Ant = Ant Financial; BofA = Bank of America; CCB = China Construction Bank; ICBC = Industrial and Commercial Bank of China; JPM = JPMorgan Chase; WF = Wells Fargo.

바가 설립한 금융사로, 이미 세계적인 금융그룹으로 부상했다. 금융사들도 디지털 선호 고객의 이탈을 방지하기 위해 핀테크 기업과의 파트너십을 확대하고,[4] IT 인재를 영입하고, R&D에 적극적인 투자를 진행하고 있지만 성장 속도에 차이가 있다.

빅테크 기업들, 어디까지 뻗어 나갈까

빅테크 기업들은 자사가 보유한 플랫폼의 범용성, 브랜드 인지도, 고객 데이터, ICT 기술력 등을 바탕으로 금융서비스를 지속적으로 확대해가고 있다. 세계 10대 빅테크 기업들이 매년 신규로 런칭하는 금융서비스는 계속 늘어나고 있으며, 2020~2021년 사이에는 더욱 가파르게 확대될 것으로 전망한다. 특히, 신용거래(Credit)와 지급결제(Payments) 서비스를 집중적으로 확대해 왔고, 보험(Insurance)과 자산관리(Wealth Management)로도 확대될 것으로 보인다.

빅테크 기업의 비즈니스 모델이 전통 금융사보다 수익성 등의 측면에서 우수하다는 평가를 받고 있다. 빅테크 기업과 글로벌 은행의 자기자본이익률(ROE, Return on Equity)을 비교해 보면, 빅테크가 월등히 높게 나타난다. 금융사도 지점을 축소하는 등 자산을 경량화하고 있지만, 비대면 서비스로 수요가 집중되는 속도를 따라잡지 못하고 있다. 반면, 무점포·비대면 비즈니스 모델에 기초한

---

4 예를 들어, HSBC, TD Bank는 핀테크 기업 Amount를 통해 2019년 디지털 대출 플랫폼을 출시함.

빅테크 기업은 디지털 플랫폼을 활용해 소비자에게 가격경쟁력 있는 금융서비스를 제공하고 있다. 예를 들어, 금융사는 위험을 부담해가며 '서류상의' 저신용자에게 낮은 금리의 신용대출을 제공할

10대 빅테크 기업들이 제공하는 금융서비스 추이

신규 금융서비스 추이

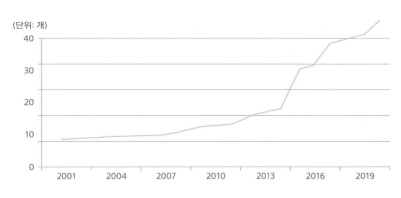

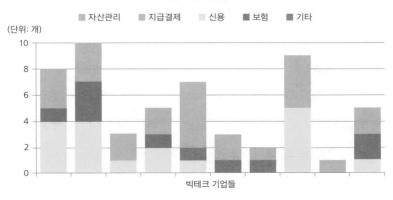

자료 : Banque de France, FSB(Financial Stability Board)

빅테크 vs 글로벌 은행, 자기자본이익률(ROE, Return on equity) 비교

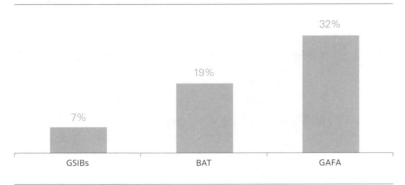

자료 : Bloomberg, Reuters, Gurufocus, FSB(Financial Stability Board)
주1 : 'GAFA' = Google, Amazon, Facebook, Apple; 'BAT' = Baidu, Alibaba, Tencent.
주2 : FSB는 매년 전 세계에서 시스템적으로 가장 중요한 은행 30개를 선정하여 발표하는데 이를 GSIB(Global Systemically Important Banks)라고 하며, JP Morgan Chase, Citigroup, HSBC 등이 해당되면 국내 금융사는 포함되어 있지 않다.

수 없는 여건이지만, 빅테크 기업은 빅데이터를 활용해 채무 상환 태도를 평가해 위험을 경감한 채 적정금리로 신용대출을 제공할 수 있다.

　중국은 빅테크 기업의 금융 진출이 가장 활발한 나라로 꼽힌다. 알리페이와 텐센트는 각각 중국 결제 서비스 시장의 53.8%와 38.9%를 점유하고 있다(2018년 4분기 기준). 이러한 강세를 기반으로 인터넷전문은행 시장도 텐센트의 위뱅크(WeBank)와 알리바바의 마이뱅크(MyBank)가 각각 1, 2위를 기록하고 있다. 위뱅크는 주로 SNS상에서 이용자의 행동 패턴과 관련된 빅데이터를 활용해 신용도를 평가하고, 마이뱅크는 중소 상공인들의 영업 데이터를 활용한다.

　최근 빅테크 기업들은 디파이(De-Fi; Decentralized Finance)를

자료 : Shutterstock

추진하고 있다. 대부분의 금융서비스는 금융기관의 인프라 및 네트워크를 활용해야만 했기 때문에, 빅테크 기업도 금융사와의 협업이 중요했다. 이제 빅테크 기업들은 블록체인을 활용해 중앙화된 금융기관의 역할을 배제한 직접 금융을 가능케 하려는 것이다. 블록체인의 스마트 컨트랙트(Smart Contract) 기술을 활용해, 송금·외환·신용거래 등의 금융서비스를 탈중앙화해 나가고 있다. 대표적인 예로, 페이스북은 암호자산 리브라(Libra) 발행 프로젝트를 추진하고 있는데, 은행 계좌 없이도 블록체인 기반으로 송금과 결제가 가능한 모델을 구현하고 있다.

데이터 경제, 디지털 전환을 선도하라

디지털 전환을 선도하는 국가로 성장할 수 있도록 정책적 방향성이 지속되어야 하겠다. 데이터 3법 개정을 통해 다양한 산업이 빅데이터를 활용할 수 있는 데이터 경제에 진입했다. 강력한 규제는 국내에서 기업 경영을 꺼리게 만들어 오프쇼링(Off Shoring, 해외 생산기지 이동)을 자극하거나, 리쇼어링(Reshoring, 생산기지 본국 회귀)을 어렵게 만든다. 완화된 규제환경의 나라들이 선도적인 기술과 플랫폼을 도입하는 동안 우리나라만 과거에 머물러서는 안 된다. 변화하는 환경에 걸맞은 정책과 제도 정비가 시급하다. 경쟁력 있는 빅테크 기업과 금융사들이 육성된다면, 기술서비스 및 금융서비스 수출을 통해 한국 경제성장에 기여하고 세계적으로 영향력을 확대해 나갈 수 있을 것이다.

한편, 빅테크 산업의 성장이 금융 안정을 저해하지 않도록 해야 한다. 저신용자를 중심으로 무분별하게 신용이 제공되는 과정에서 가계부실이라는 문제가 발생할 수 있다. 빅테크 기업과의 경쟁이 심화됨에 따라 기존 금융사의 수익성이 악화하고, 위험도 높은 금융서비스를 제공하는 등 금융부실로 전이될 가능성도 있다고 진단된다. 나아가 빅데이터 관리 부실로 야기될 수 있는 해킹 및 보안 위협을 사전에 방지하기 위해 기업들이 사이버보안(Cyber Security) 역량을 갖출 수 있도록 가이드라인을 제공해야 하겠다.

테크핀의 등장은 금융회사의 전유물로 여겨졌던 금융서비스에 대한 인식을 변화시켰다. 빅테크는 금융서비스의 편의성과 접근성을 혁신적으로 높여 놓았고, 거래비용을 축소시켰으며, 빅데이터를 활용해 고객에게 맞춤화된 서비스를 고도화시켰다. 비금융

기업은 자사가 보유한 비즈니스 모델과 서비스에 다양한 기술을 접목해 금융서비스 영역으로의 진출을 검토해 볼 때다. 물론 기존 제도권의 반대나 규제 등의 도전과제가 상존하기 때문에 진입 환경을 신중히 분석해야 한다.

마지막으로, 금융사는 새로운 경향에 맞춰 적절히 비즈니스 모델을 변화시켜야 한다. 디지털 상품을 개발하고, 디지털 기술에 대한 투자와 인재 양성도 중요하다. JP모건의 IT 분야 지출은 약 114억 달러로, 은행 중 현저히 큰 규모지만, 아마존의 IT 지출 규모 288억 달러와 비교하면 절반 수준에도 못 미친다. 금융사가 디지털 기술에 투자하는 것이 과도한 혹은 소모적인 투자라는 관점도 달리볼 필요가 있다. 미국 은행이 디지털화와 인력 자동화를 실행하면 2025년까지 약 700억 달러의 비용을 절감하는 것이 가능하다고 분석된다.

특히, 디지털에 더욱 익숙한 Z세대가 금융서비스의 소비자로 부상하고 있는 만큼 '느린 대응'은 '빠른 위협'으로 다가올 수 있음을 인식할 필요가 있다. 국내에서도 네이버파이낸셜은 생활금융 플랫폼에 도전하고, 카카오페이는 증권업에 진출하고 있다. 제 4, 5의 인터넷 전문은행이 시장에 들어설 준비를 하고 있다. 빅데이터를 활용한 맞춤화된 서비스나 소셜미디어를 활용한 마케팅, 디지털 지점 개설 등과 같은 대응을 적극적으로 검토할 필요가 있다.

05 / 필환경 시대: 리세일 비즈니스의 부상

　코로나19는 환경 보존의 가능성을 보여주었다. 모든 것이 멈추자 맑은 하늘이 돌아왔다. 미세먼지로 가득한 뿌연 하늘 아래 살아가던 우리는 깨끗한 하늘을 볼 수 있게 되었다. 전 세계적으로 셧다운이 이행되고, 주요국은 이동마저 제한하는 '대봉쇄'의 경제였다. 공장가동이 멈추고, 해운 물동량이 줄고, 항공운행과 도로교통량이 급감하면서 화석연료 사용과 오염물질 배출이 줄었다.

　국제에너지기구(IEA)는 'World Energy Outlook 2020'을 통해 코로나19의 영향으로 세계 에너지 소비가 6% 감소하고, 이산화탄소 배출도 8% 감소할 것으로 전망했다. 2020년 상반기 초미세먼지 평균 농도가 m³당 21㎍로 지난 3년 동기 평균(28㎍)과 비교해

월별 평균 초미세먼지(PM2.5) 농도

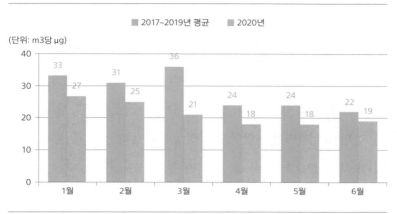

■ 2017~2019년 평균   ■ 2020년

(단위: m3당 µg)

자료 : 환경부
주 : 1µg(마이크로그램)은 100만분의 1g

25% 감소했다. 성장만을 향해 화석연료에 의존해 달려왔던 경제 주체들은 환경을 돌아볼 계기를 갖게 되었고, 노력하면 환경을 보존할 수 있다는 희망도 품게 되었다.

한편, 코로나19는 환경 보존의 필요성을 일깨우기도 했다. 아이러니하지만 맑은 하늘에도 마스크 수요는 폭발적으로 늘었다. 영국 BBC 보도에 따르면 매월 전 세계에서 약 1,290억 개에 달하는 마스크가 버려지고 있다고 한다. 그밖에도 온라인 쇼핑이 급증하면서, 비닐 및 스티로폼 포장 수요가 급증하고, 각종 일회용품 사용이 크게 늘었다. 플라스틱이 들어간 마스크와 각종 일회용품이 다시 쓰레기가 되어 지구 환경을 위협하고 있다. 버려진 용품이 바다에까지 흘러가 생물을 위협하기 시작했다.

리세일 비즈니스의 부상

코로나19의 충격은 모든 것을 변화시켰다. 소비 트렌드에도 영향을 미쳤다. 이미 소비자들 사이에서 '친환경'에서 '필환경'으로의 의식 변화가 일고 있었지만, 코로나19가 이를 더욱 가속화시켰다. '지키면 좋은 것'이 아니라, '반드시 지켜야 할' 소비 행동이 된 것이다. 필환경 트렌드는 다양한 산업의 변화를 야기했는데, 특히 리세일 비즈니스(Resale Business)가 크게 부상하게 되었다. 최신 트렌드를 즉각 반영하여 빠르게 제작하고 빠르게 유통시키는 의류를 패스트패션이라고 하는데, 패션산업에서는 중고의류를 재사용함으로써 환경을 보호할 수 있다는 의식이 커지면서 리세일 시장이 확대되고 있다. 더욱이 소비자의 비대면 거래 선호현상과 패션업계의 불황을 극복하고자 하는 대응이 맞물려 온라인 플랫폼을 중심으로 리세일 비즈니스가 부상하고 있다.

리세일은 밀레니얼(M)세대와 Z세대의 라이프 스타일과도 맞아떨어진다. MZ세대는 '소유'보다 '경험'에 높은 가치를 부여하는 경향이 있다. 비용을 절감해 다양한 패션을 경험하고자 하는 소비 성향이 리세일 플랫폼과 만난 것이다. 더욱이 MZ세대가 소비 트렌드를 이끄는 주력층으로 부상하면서 이러한 경향성이 더욱 두드러지게 나타나고 있다. BCG는 2018년 럭셔리 제품의 리세일 참여 의사를 조사했는데, 전체 소비자의 약 45%가 참여 의사를 나타냈고, MZ세대는 더욱 적극적인 의사를 나타냈다. MZ세대는 기존 세대보다 판매와 구매 등에 더욱 적극적으로 참여할 의사를 갖고 있

럭셔리 제품 리세일 참여 의사

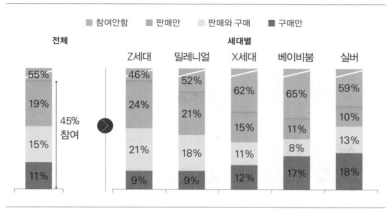

자료 : BCG–Altagamma

어서, 현재보다 미래 리세일 시장이 확대될 것으로 전망하는 데 근
거가 된다.

세계 최대 리세일 웹사이트 스레드업(thredUP)은 향후 10년
안에 미국 리세일이 패스트패션을 추월할 것으로 전망했다. 리세
일 시장규모는 2018년 기준 약 240억 달러로, 패스트패션 시장
(약 350억 달러)보다 작지만, 향후 가파르게 성장해 2028년에는 약
640억 달러에 달할 것으로 분석했다. 특히, 온라인 리세일 시장이
고속 성장할 것으로 전망했다. 코로나19의 충격으로 전체 패션
소매판매액은 2020년 −23% 감소했고 2021년에도 이전으로 회
복하지 못할 것이며, 오프라인 리세일 매장도 회복세가 미진하겠
지만, 온라인 리세일 플랫폼에는 오히려 기회로 작용하고 있다.

미국 패스트패션과 리세일 시장규모

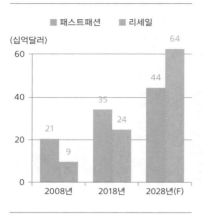

자료 : thredUP, 2020 Resale Report

패션시장 성장률 전망

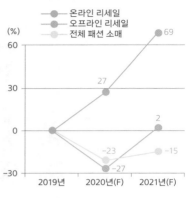

자료 : thredUP, 2020 Resale Report

리세일 비즈니스 무브먼트

갭 그룹은 2020년 4월부터 리세일 플랫폼 스레드업과 파트너십을 체결했다. 스레드업 백을 통해 우송되어 오는 리세일 상품에 적정한 가격의 크레딧을 주고 그 크레딧으로 다른 상품을 구입할수 있도록 하는 비즈니스 모델이다. 버버리(Burberry)가 미국의 럭셔리 리세일 플랫폼 더리얼리얼(The RealReal)과 파트너십을 체결했고, 베스띠에르 역시 산드로, 조셉 등과 제휴를 맺었다.

럭셔리 슈 클럽(Luxury Shoe Club)은 신발 전문 리세일 플랫폼으로, 멤버십 기반으로 운영되고 있는데 수익의 일부를 불우한 여성들을 돕는 데 기부하고 있다. 미국에서 가장 두각을 보이는 스니커즈 재판매 플랫폼인 스톡엑스(StockX)는 투자은행으로부터 투자를 받으며 기업가치 1조 원을 인정받기도 했다. 스톡엑스는 주식이나 부동산처럼 스니커즈 시세 그래프를 표기해 주고 있다.

국내에도 움직임이 두드러지게 나타나고 있다. 국내 최대 규모 온라인 패션 편집숍으로 꼽히는 무신사는 한정판 운동화 리세일 플랫폼 '솔드아웃'을 론칭했다. 서울옥션블루의 '엑스엑스블루', 네이버 자회사 스노우의 '크림' 등 한정판 거래 플랫폼도 론칭되고 있다. 리세일 플랫폼은 기존의 개인 간 거래에서 생길 수 있는 문제점을 해결하는 서비스를 도입했다. 진품 여부와 품질을 보증하고, 배송 서비스도 제공한다. 플랫폼 이용자들의 거래 가격이 공개되고, 데이터가 쌓여 적정 거래가격을 투명하게 인지하게 해준다.

정책적 시사점

온라인 리세일 시장이 부상함에 따라, 내수 및 통상 정책상의 발빠른 움직임이 필요하다. 먼저, 리세일 플랫폼 사업자를 육성해야 한다. 해외 주요 리세일 플랫폼보다 경쟁력을 갖춘 리세일 사업자를 양성해 이들이 세계 소비자를 이끌 수 있도록 해야 한다. 아이디어는 특정 산업에 국한되면 안된다. 전 산업에 걸쳐 리세일 플랫폼 사업자들이 진입할 수 있도록 유도할 필요가 있다.

통상정책 관점에서도 국내 리세일 참여의사가 있는 기업과 판매자들에게 수출의 기회가 마련될 수 있도록 플랫폼을 활용해야 하겠다. 해외 주요 리세일 플랫폼을 활용해 수출로 연결하거나, 국내 리세일 플랫폼을 구축해 해외 소비자가 직접 구매할 수 있도록 할 수 있다. 리세일 플랫폼을 활용한 수출의 경우 관세 부과, 제품

검증, 부정거래 방지 등에 관한 시스템적 지원도 고려되어야 한다.

　가계와 기업도 필환경 트렌드에 발걸음을 맞춰나갔으면 한다. 환경을 고려한 소비 활동을 즐기는 의식 있는 소비자로서 자신의 소비패턴을 바꾸면 어떨까? 다양한 품목에 걸쳐 친환경적 제품과 서비스 소비 비중을 늘리기 위해 노력하자는 것이다. 또한 리세일을 확대하거나 친환경적으로 제품을 공급하는 기업에 장기적인 투자를 이행함으로써 기업의 환경을 고려한 움직임을 촉진할 수 있다. 한편, 기업도 이러한 트렌드에 발맞춰 리세일 서비스를 시도하거나 확대하는 움직임을 선도해 나갈 수 있을 것이다. 환경과 경제가 동행할 수 있음을 보여 줘야 한다.

06 / 앞당겨진 디지털 헬스케어

코로나19로 원격진료가 최초 도입되었다. 중앙재난안전대책본부는 2020년 2월 24일 한시적으로 환자가 의료기관에 방문하지 않고 상담을 받고, 지정한 약국을 통해 내복약을 처방받을 수 있게 했다. 그동안 의료계의 반대 등 수많은 장벽에 부딪혀 디지털 헬스케어 도입을 미뤄왔지만, 비대면 의료서비스에 대한 사회적 필요가 집중되면서 재조명받고 있다.

K-방역이 세계의 표준이 되었다. 2020년 5월부터 약 50여 개 국가와 국제기구를 대상으로 170회 이상의 웹 세미나, 화상회의, 전화회의를 열어 코로나19 대응 경험을 공유했다. K-방역은 또한 수출로도 연결되고 있다. 마스크와 진단키트를 넘어 한국형 헬

스케어 제품에 세계적인 관심이 집중되고 있다. KOTRA는 '바이오 헬스 월드와이드 온라인 2020' 전시회를 개최한다. 바이오, 제약, 의료기기, 헬스케어 서비스 등 국내외 500개 기업과 바이어 1,000개사가 참여할 것으로 보인다. 특히, 이번 온라인 전시회는 3D영상, 가상현실 등의 디지털 기술이 활용되어 미래형 전시 산업도 이끌 기회도 모색할 것이다.

디지털 헬스케어란 무엇인가?

디지털 헬스케어(혹은 스마트 헬스케어)는 말그대로 의료 및 헬스케어 서비스가 디지털 환경으로 전환되는 것을 의미한다. 디지털 트랜스포메이션의 핵심 기술인 IoT(Internet of Things, 사물인터넷), 클라우드 컴퓨팅, 센서, 빅데이터 및 인공지능(AI)을 헬스케어와 접목한 분야다. 소비자가 일상생활이나 의료기관 등 전문기관에서 생성해 낸 데이터를 수집·분석하여, 이를 의료 및 헬스케어 기업이 활용하여 소비자에게 자문 및 치료해주는 구조다.

개인이 생성해낼 수 있는 데이터는 유전체 정보, 개인 건강 정보, 전자의무기록 등 크게 세 가지로 구분할 수 있다. 유전체 정보는 한 사람당 약 30억 개, 1TB에 달하는 유전체 염기쌍의 서열로, 정밀의료나 개인 맞춤형 신약 개발, 유전자 편집, 합성 생물학을 구현할 수 있다. 개인 건강 정보는 웨어러블 디바이스나 헬스케어 앱 등을 통해 수집되는 개인의 혈당 수치, 혈압, 심전도, 식단 정보 등 개인의 일상생활 활동에 관한 모든 데이터로, 이를 활용한 다양한

디지털 헬스케어 산업의 구조(데이터 흐름 중심)

데이터 측정 및 수집   데이터 통합 및 공유   데이터 분석 및 활용

병원 내
- 환자 정보
- 진료 기록(EMR)
- 영상 및 병리 검사 결과
- 투약 정보
- 진료비 정보

의료진/병원
- 의사의 진단 의사결정 지원
- 치료 효과 예측 모델링
- 치료 계획 수립
- 입원 환자 맞춤 관리
- 원무 관리
- 의료 자원 관리

- 데이터 프로파일, 히스토리 구축
- 병원 내 서버 혹은 클라우드 시스템에 저장

병원 외
- 가정용 의료기 측정 결과
- 사물인터넷(IoT) 및 웨어러블 기기로부터의 측정 결과

환자/개인
- 질병 모니터링 및 관리
- 라이프스타일 분석을 통한 건강관리

보험사
- 환자군 분류 및 위험도 예측
- 적정 보험료 산출 분석

자료 : LG경제연구원.

응용 서비스가 확대되고 있다. 전자의무기록은 과거 의료기관에서 종이차트에 기록했던 인적사항, 병력, 건강상태 등을 비롯하여 처방 정보, 처방 결과 등을 전산화한 형태를 말한다. 유전체 정보와 개인 건강 정보가 건강 개선, 질환 치료 및 예방 등의 구체적인 임

디지털 헬스케어로의 도약(The Digital Healthcare Leap)

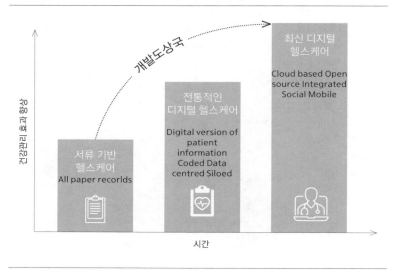

자료 : PwC.

상적 가치와 연결되기 위해서는 전자의무기록을 바탕으로 데이터가 분석되어야 한다. 이에 따라 전 세계적으로 의무기록의 디지털화 추세가 가속화하고 있으며, 활용성이 더욱 제고될 것으로 보인다.

디지털 헬스케어 산업은 어떻게 구성되어 있는가?

디지털 헬스케어는 기존 헬스케어 산업의 생태계를 바꾸고 있다. 디지털 헬스케어 산업의 부상으로 과거 크게 연관이 없었던 신규 영역으로의 확장과 강화가 두드러지고 있다. 향후 스마트 헬스케어는 치료 중심의 기존 헬스케어 산업에서 소프트웨어·서비스·금융 등으로 생태계를 확장해 연관산업 발전을 촉진할 것으로 전

디지털 헬스케어 산업생태계

■ 기존 헬스케어 산업에서 확장·강화된 신규 영역

시스템공급자	의료기기 •바이오센서 •측정·기록장비 •모니터링 장비	모바일 OS •모바일 앱 •보안 프로그램 •머신러닝	통신사 •통신망 •솔루션 •스마트홈	간접제공 →	수요자 환자
서비스공급자	웨어러블 디바이스 •일상활동 기록 •스포츠 관리 •식생활 관리	제약회사, 의료기관 •검진, 치료 •처방 •유전자 정보 •R&D 정보		직접제공 →	일반인

지원

정부	보험사	투자(VC 등)	데이터베이스 관리자

자료 : 강민영, 박도휘, 김광석(2018), "스마트 헬스케어의 현재와 미래," 삼정KPMG 경제연구원, 이슈모니터 79호.

망된다. 특히 기존의 치료 위주에서 예측·예방 중심으로 의료 형태가 변화하고 있음을 주목할 필요가 있다.

과거 의료기기, 제약회사, 의료기관을 중심으로 발전해 오던 헬스케어 산업은 IT 기술 발전에 따라 점차 모바일 OS, 통신사, 웨어러블 디바이스 영역으로 확장되고 있다. 특히 다양한 센서를 내장한 스마트폰 보급, 활동량과 생체신호를 지속적으로 모니터링하는 웨어러블 기기의 확산, 바이오센서 기술의 발달, 저전력 초소형 하드웨어 기술 발전에 따라 ICT와 의료기기의 융합이 활발해지고 있다. 또한 세계적으로 의료비 절감과 치료의 효율성 증진을 위해 모바일 헬스케어 기기와 서비스를 활용하고자 하는 시도가 확산되면서 디지털 헬스케어 산업에 대한 관심이 증가하고 있다.

글로벌 디지털 헬스케어 시장 현황

전 세계적으로 디지털 헬스케어 산업은 스마트폰 및 IoT 기반 웨어러블 기기 등과 함께 시장 성장기에 접어들었으며 생명공학기술과 정보통신기술이 융합된 다양한 형태의 디지털 헬스케어 제품과 서비스가 출시되고 있다. 의료기기 전문 업체뿐만 아니라 글로벌 ICT 기업부터 스타트업에 이르기까지 다양한 아이디어를 지닌 기업들의 시장 진출이 가속화되고 있다.

이에 글로벌 디지털 헬스케어 시장규모는 지속적인 성장을 보

디지털 헬스케어 시장규모 추이 및 전망

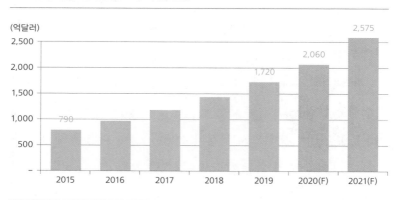

(억달러)

자료 : Statista
주 : 2020년 시장규모는 Statista의 전망치 이며, 2021년 시장규모는 연평균 증가율 및 산업 내 투자 등의 선행지표를 반영한 추산치임

원격의료 시장 규모 추이 및 전망

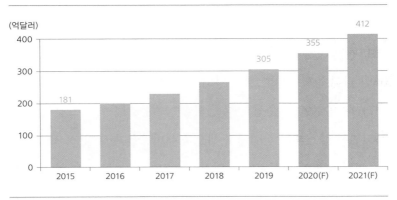

(억달러)

자료 : Statista

일 전망이다. 스태티스타(Statista)는 2015년 기준 790억 달러에 머물렀던 글로벌 디지털 헬스케어 시장규모가 2020년에는 2,060억 달러 규모로 커질 것으로 전망했다. 2021년의 성장세도 뚜렷하게 나타날 것으로 보인다. 특히, 원격의료 시장도 2015년 181억 달러 규모에서 2020년과 2021년 각각 355억 달러, 412억 달러 규모로 성장할 것으로 전망된다.

디지털 헬스케어의 성장을 견인하는 기술은 빅데이터와 인공지능으로 꼽힌다. 사물인터넷 등 다양한 장치와 센서가 활용되면서 더 정밀한 빅데이터 분석 및 활용이 가능해질 것으로 전망된다. 한편, 인공지능의 경우 의료 검사에 활용되어 진단 절차를 개선할 수 있고, 신약 개발에 활용돼 신약 개발 기간과 비용을 절감할 수 있다. 이외에도 사물인터넷, 가상·증강현실, 로보틱스 등의 다양한 기술이 디지털 헬스케어 산업 성장에 중추적인 역할을 수행할 것이다.

특히, 글로벌 인공지능 기반 디지털 헬스케어 시장 규모는 2015년 8억 달러에서 연평균 42%의 빠른 성장을 통해 2021년 66억 달러에 달할 것으로 전망되고 있다. 머신러닝, 딥러닝, 자연어 처리, 이미지 인식, 음성 인식 등의 인공지능 기술이 의료분야에 접목되면서 헬스케어 산업에서 새로운 서비스를 창출할 것으로 보인다. 미래 헬스케어 서비스는 인공지능 기술을 통해 많은 양의 유전자 정보를 스스로 분석하고 학습하여 질환 발현 시기를 예측하거나, 개인 맞춤형 진단 및 생활습관 정보 제공을 통해 질병 발현 예방에 도움을 줄 수 있을 것이다. 진료 시에는 의사와 환자 간 대화가 음성인식 시스템을 통해 자동으로 컴퓨터에 입력되고, 저장된 의료차트 및 의학 정보 빅데이터를 통해 질병 진단 정보를 제공하거나, 컴퓨터가 스스로 환자의 의료 영상 이미지를 분석하고 학습하여 암 같은 중대 질환에 대한 진단 정보를 의사에게 제공해 의사의 진단을 도울 수 있다. 또한, 개인 맞춤형 데이터를 통해 개인별 약물의 부작용을 예측하여 처방에 도움을 줄 수도 있다.

전 세계적으로 고령화와 의료비 부담 증가에 따른 저렴하고 신속한 의료서비스가 요구되기 때문에 인공지능 관련 R&D 정책 등을 범정부 차원에서 추진하고 있다. 인공지능 분야 글로벌 선도국가인 미국은 인공지능을 활용한 정밀의료 추진을 통해 의료의 질적 수준 제고에 집중하고 있다. 유럽은 인공지능의 의료정보 플랫폼 결합 및 유전체 분석에 집중하고 있으며, 일본은 유전체 분석과 인공지능 적용 로봇 전략을 통해 개인 케어·맞춤형 의료서비스 제공에 집중하고 있다.

한국 디지털 헬스케어는 어디까지?

국내 시장도 폭발적으로 성장하고 있다. 국내 디지털 헬스케어 시장은 2014년 3조 원에서 2020년 약 14조 원 규모로 성장할 것으로 업계는 추산하고 있다. 환자 생체 정보를 수집해 의료기관으로 전송하는 기기나 소프트웨어를 중심으로 제품이 허가되고 있고, 관련 특허는 매년 300건 이상 출원되고 있다. 한국은 세계 최고 수준의 5G 네트워크와 IT 경쟁력을 보유하고 있어 디지털 헬스케어 산업이 성장할 좋은 환경을 갖추고 있다. 더욱이, 고령화 속도가 OECD 회원국 중 가장 빠르게 진전되고, 헬스케어 서비스에 대한 니즈도 증폭되고 있어 유망산업으로서의 시장적 특징도 갖추고 있다.

그러나 세계적인 추세와 비교할 때는 아직 걸음마 단계다. 삼정KPMG에 따르면 누적 투자액 기준으로 디지털 헬스케어 스타트업 글로벌 100대 리스트에서 한국 기업은 찾아볼 수 없다. 유망한 산업임에도 성장할 수 없었던 배경에는, 맨 먼저 '규제와의 전쟁'이 있다. 초기에는 원격의료에 관한 규제나 진료 데이터 활용 규제와 전쟁하느라 산업과 기술의 성장에 제약이 많았다. 최근 몇 년 사이에는 규제샌드박스 도입(2019.1)과 규제자유특구 지정(2019.7)을 통해 적극적인 규제 완화 움직임이 나타났고, 강원도 지역을 디지털

의료계와 정부의 디지털 헬스케어에 대한 입장차

구분	의료계	정부
의료질	– 오진 및 의료사고 발생 가능성 높음 : 대면진료 대비 환자 정보의 정확성이 떨어지고, 기계 오작동 가능성 있음	의료기관 이용 편의성 제고 : 고혈압, 당뇨 등 상시적으로 질병 관리가 가능하고, 거동이 어려운 노인, 장애인 등의 의료서비스 접근성 제고
의료 접근성	의료 접근성 높음 : 한국 의사밀도 OECD 회원국 3위	도서 벽지 등 의료 소외계층에 의료서비스 혜택 확대
정보관리	개인정보 노출 우려	원격의료 분야 개인정보보호 가이드 라인 마련
경제효과	영리병원이나 의료민영화를 위한 발판을 작용할 우려	해외 국가 및 글로벌 기업 참여 확대 IT기업, 플랫폼 기업, 통신사 등의 참여

자료 : 언론 종합

헬스케어 규제자유특구로 지정해 6가지 실증사업[5]이 계획대로 추진되고 있다. 데이터 3법(개인정보보호법, 정보통신망법, 신용정보보호법) 개정안이 국회를 통과해 2020년 8월 5일 발효되었고, 최근 코로나19 사태를 계기로 디지털 헬스케어 규제 전면 완화를 적극 검토하고 있다.

2020년 7월 14일 코로나19 극복을 위해 정부가 제시한 『한국판 뉴딜 종합계획』에도 디지털 헬스케어를 육성하겠다는 방침이 명시되어 있다. 한국판 뉴딜은 크게 '디지털 뉴딜'과 '그린뉴딜'로 구성되어 있는데, 이 중 디지털 뉴딜 사업의 주요 골자 중 하나가

---

5 △의료정보 기반의 고혈압 관리 서비스(추진 기업:유비플러스) △의료정보 기반의 당뇨 관리 서비스(휴레이포지티브) △DUR을 활용한 인플루엔자 백신 수요 예측 인공지능 시스템(미소정보기술) △포터블 엑스선 진단시스템을 이용한 현장 의료 서비스(에이치디티) △건강관리 생체신호 모니터링 서비스(메쥬) △만성질환 재택 모니터링(바이오닉스)

비대면 산업 육성이다. 비대면 산업 중 의료 영역을 첫 번째로 꼽고 있다. 디지털 기반 스마트 병원을 구축하거나, 고령층 등의 건강취약계층을 대상으로 IoT와 AI를 활용해 디지털 돌봄 서비스를 제공하며, 고혈압 등의 만성질환자를 대상으로 웨어러블 기기를 보급해 질환을 관리하는 것 등이 포함되어 있다. '규제와의 전쟁'이 종식되고 이제는 '기존 산업과의 전쟁'이 걸림돌이 되고 있다. 특히, 디지털 헬스케어의 핵심 중 하나인 원격의료에 대해 기존 의료업계는 상당한 우려를 표명하고 있다. 마치 승차 공유 플랫폼이 등장했을 때 기존 산업인 택시업계와의 충돌로 무산된 것처럼, 디지털 헬스케어는 기존 산업인 의료업계의 반발로 진도가 느려지고 있다.

디지털 헬스케어 리딩 기업들

핏빗(Fitbit)은 디지털 헬스케어 선도기업으로 일컬어진다. 미국 시장에서 가장 많은 이용자 규모를 보유하고 있다. 2018년 기준 핏빗의 월간 활성이용자 수는 2,740만 명에 달한다. 참고로 2위는 비만 관리 애플리케이션 MyFitnessPal로, 스포츠 의류 브랜드 Under Armour에 2016년 인수된 바 있다. 핏빗은 건강관리가 가능한 무선 웨어러블 센서를 개발했고, 헬스케어 전문 스타트업 Cardiogram과 협력했다. 핏빗 단말기를 통해 수집된 심장 박동수, 수면패턴 등의 데이터를 수집·분석하고, Cardiogram 어플리케이션을 통해 정보를 확인하거나 특정 질환의 징조를 미리 파악할 수 있다.

미국 피트니스 어플리케이션 이용자 수

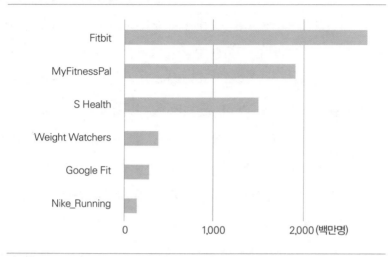

자료 : Statista
주 : 2018년 월간 활성 이용자 수

디지털 헬스케어 소프트웨어 영역에서는 Cerner가 매우 혁신적이다. 의료기록 프로그램을 개발하는 이 기업은 아마존 AWS와 협력해 클라우드 기반 EMR(전자의무기록) 솔루션을 개발하고 의료 데이터 분석을 진행하고 있다. 아마존은 사실 상당 기간 디지털 헬스케어 산업 진출을 준비해왔다. 아마존이 2018년 인수한 온라인 약국 필팩(Pill Pack)은 미국 50개 주 전역에서 약국 면허를 갖고 있어 처방약을 가정에 우편배달할 수 있다. 아마존과 Cerner는 의료 분야 인공지능 및 머신러닝 연구를 위해 협력하기로 했고, 약을 제조하고 유통하는 전 영역으로 사업을 확장하고 있다.

그 밖에도 IBM '왓슨'은 이미 암 진단과 치료 등 치료 서비스

플랫폼을 선도하고 있고, 애
플은 애플워치에 내장된 센
서를 활용해 심박수를 측정
하고 이상 징후가 감지될 때
원격의료로 연결되는 서비스
를 시작했다. 구글의 지주사
인 알파벳은 자회사 베릴리,
칼리코, 딥마인드 등과 함께
헬스케어 데이터 및 인공지
능을 연구하고 있다. 베릴리
의 경우, 수술용 로봇 개발

헬스케어 소프트웨어 기업 순위

	기업명
1	Cerner Corporation
2	athenahealth
3	Allscripts
4	Oracle
5	Microsoft
6	IBM
7	CompuGroup
8	Epic Systems
9	eClinicalWorks
10	Medical Information Technology

자료 : NIPA

을 위해 의료기기 업체인 에티콘과 함께 '버브 서지컬'을 설립했다.
국내 기업 중에는 삼성전자가 약진하고 있다. 삼성전자는 2020년
6월 '삼성 헬스 모니터' 어플리케이션을 출시해 간편하게 혈압을
측정할 수 있도록 서비스하고 있다. 8월에 출시한 스마트워치 신제
품 갤럭시워치3는 심전도와 혈압 측정 등 모바일 헬스케어 기능을
더욱 강화했다. 삼성 헬스 모니터는 초기에는 건강 정보와 운동량
을 기록하는 어플리케이션이었지만, 전문가에게 건강 상담까지 받
을 수 있는 건강관리 플랫폼으로 부상했다. 24시간 실시간으로 의
사와 상담이 가능한 서비스로 미국, 인도, 영국 등에 확장 출시했
다. 국내에서는 규제로 인해 서비스 제공이 안되지만 국제적으로
는 시장 확대를 위해 추격 중인 모습이다.

어떻게 디지털 헬스케어 시장을 잡을 것인가?

먼저 정책적으로는 현업에서의 고민을 해결할 필요가 있다. 신규 진입자들(통신사, IT기업 등)이 체감하고 있는 규제를 조사하고, 우선순위로 완화해야 할 규제 리스트를 산출해야 한다. 우선 과제를 중심으로 이해관계자들과의 토론회 등을 거쳐 적극적인 합의 절차가 진행될 수 있도록 해야 한다. 특히, 기존 플레이어들(의료기관, 제약회사 등)이 디지털 헬스케어에 대한 우려를 표명하는 사항에 대해서 어떻게 우려를 불식시킬지도 모색해야 한다. 그런 우려가 현실이 되지 않도록 구체적인 대책을 함께 마련하는 것도 대안이 될 수 있다. 궁극적으로 산업의 파이를 키워서 기존 플레이어들과 이익을 공유할 수 있도록 제도적 기반을 만들 필요도 있다.

기본적으로 정책적 지원은 디지털 헬스케어 산업의 기존 플레이어와 신규 진입자 간 협업모델을 구축하는 데 집중할 필요가 있다. 기업은 의료·헬스케어 산업의 패러다임 변화를 감지해야 한다. 현재 기존의 의료서비스 공급자와 스마트 헬스케어 기기, 소프트웨어 및 인프라 공급자가 협업하면서 기존 의료서비스를 디지털화하고 있다. 디지털 헬스케어 시장이 거듭 성장할 것으로 예상되는 가운데, 국내 의료서비스 및 시스템 공급자는 '변화 대응 능력'을 갖추어 나가야 한다. 사업구조 변화, 인력구조 변화 및 인재 양성, R&D 투자, 파트너십 등 다양한 영역에 걸쳐 전략적인 변화가 요구된다. 특히 파트너십이 핵심적인 전략이다. 디지털 헬스케어는 다양한 전문 기술 및 서비스 영역 간 융합을 통해 구현되는 영역으로

파트너십이 절대적이라 할 수 있다. 하나의 기업 혹은 기관이 다른 전문 영역의 기술적 역량을 확보하기가 상당히 어려운 산업구조적 특성이 있기 때문에 디지털 헬스케어 서비스를 제공하기 위해서는 파트너십이 필요하다. 의료기기 기업, 제약회사 및 의료기관과 같은 전통 사업자뿐만 아니라, 웨어러블 디바이스, 모바일 소프트웨어 및 통신사들 같은 신규 사업자와의 협업이 요구되는 산업이다. 과거에는 경쟁하던 기업과 협업체제를 구축해야 할 수도 있고, 관련성이 전혀 없던 기업과 협업할 수도 있다. 이미 다양한 의료서비스 공급자와 신규 사업자간의 파트너십이 크게 늘고 있는 상황에서 이러한 움직임에 늦게 대응하면 산업에서 도태될 수 있다.

07 / 콘텐츠 뉴웨이브, 5대 산업 트렌드

플랫폼에서 콘텐츠로 중심이 이동하고 있다. 지금까지는 기업이 범용화된 강력한 플랫폼을 갖기 위해 경쟁해 왔다. 소비자가 기업의 제품이나 서비스에 모이는 것이 아니라, 플랫폼에 몰려왔기 때문이다. 그런데 최근 플랫폼에 몰리는 이유가 콘텐츠 때문이라는 사실을 이해하기 시작했다. 플랫폼 전쟁에서 콘텐츠 전쟁으로 전환된 것이다. 특히, 소비자들이 아날로그 플랫폼에서 디지털 플랫폼으로 옮겨가면서 디지털 콘텐츠에 관한 관심이 집중되고 있다. 신문에서 포털로, 대형마트에서 온라인 쇼핑으로, 책에서 유튜브로 옮겨가고 있기 때문에, 기업들은 디지털 플랫폼에 걸맞은 디지털 콘텐츠에 집중할 수밖에 없어졌다. 콘텐츠 산업의 새로운 물

S&P 500 기업들의 유형/무형자산의 가치 추이

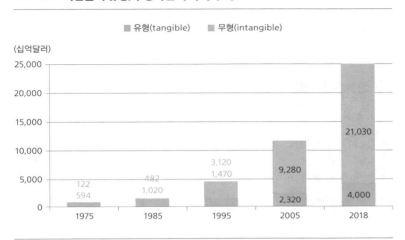

■ 유형(tangible)　■ 무형(intangible)

(십억달러)

	1975	1985	1995	2005	2018
무형	122	482	3,120	9,280	21,030
유형	594	1,020	1,470	2,320	4,000

자료: AON, 219 Intangible Assets Financial Statement Impact Comparison Report, Global edition, April 2019

결, 뉴웨이브(New Wave)가 시작되었다. 콘텐츠는 왜 중요한가? 존경하는 사람을 떠올려 보자. 눈에 보이는 것보다 보이지 않는 무엇을 존경할 것이다. 성공한 사람도, 강한 사람도, 권력을 가진 사람도 모두 마찬가지다. 외적으로 보이는 모습보다 지혜, 지식, 품성, 능력, 가치관, 리더십처럼 보이지 않는 무엇 때문일 것이다. 즉, 콘텐츠의 힘이다. 기업도 마찬가지다. 어떤 기업을 성공한 기업이라고 일컬을 것인가? 성공한 기업을 구성하는 성분은 눈에 보이는 유형의 것일까? 보이지 않는 무형의 것일까? S&P 500 기업을 기준으로 조사한 결과, 과거에는 유형자산(Tangible Assets)의 비중이 높았지만, 최근 들어서는 무형자산(Intangible Assets)이 압도적으로 높은 비중을 차지하고 있다. 브랜드 가치, 기술 수준, 지식, 정보, 경영 체계, 경험 등과 같은 무형자산은 기업이 가지고 있는 콘텐츠다.

콘텐츠 산업이 경제를 이끈다

국내 콘텐츠 산업은 한국경제의 성장 속도를 초과하고 있다. 코로나19의 충격이 반영된 2020년의 경제성장률을 제외하고, 한국경제는 연평균 2%대의 성장률을 유지했다면, 콘텐츠 산업은 그 이상의 성장세를 지속해 왔다. 즉, 콘텐츠 산업이 한국경제 성장을 이끌었다. 게임, 캐릭터, 지식정보, 만화, 음악, 콘텐츠솔루션 등 콘텐츠 산업의 성장세는 수많은 스타트업을 육성하고, 많은 청년 일자리를 창출했다. 더욱이 음악, 영화 같은 한류 콘텐츠는 국가 이

콘텐츠 산업 연평균 매출액 증감률

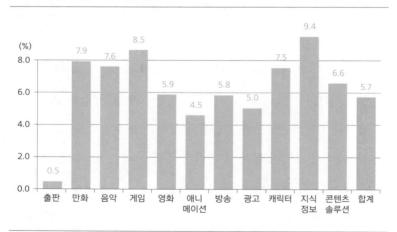

자료: 문화체육관광부, 한국콘텐츠진흥원, 『2019 콘텐츠산업 통계조사』
Note: 2014~2019년 연평균 증감률 기준임.

콘텐츠 산업 수출액 추이

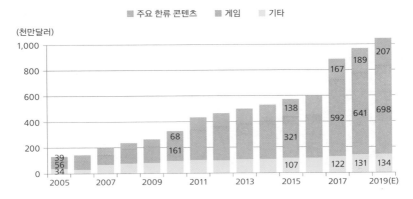

자료: 문화체육관광부, 한국콘텐츠진흥원, 『2019 콘텐츠산업 통계조사』
Note1: 주요 한류 콘텐츠에는 캐릭터, 음악, 방송, 광고, 영화로 구성됨.
Note2: 기타에는 출판, 만화, 지식정보 등을 포함함.

미지를 제고하고, 한국 제품 홍보에 기여하며, 해외 관광객을 국내
유치하는 등 직·간접적인 경제적 기여도가 매우 높다고 평가된다.

　　콘텐츠 산업의 수출은 불황도 없었다. 2008년 글로벌 금융위
기나 2012년 유럽발 재정위기 당시에도 콘텐츠 산업 수출액은 충
격 없이 줄곧 증가했다. 콘텐츠 산업 수출액은 2005년 약 13억 달
러 규모에서 2015년 약 57억 달러 규모로 증가했다. 2018년에는
약 96억 달러 규모를 초과했고, 2019년에는 콘텐츠 수출 규모가
100억 달러를 초과해 103억 9,230달러에 달하는 것으로 추정된다
(한국콘텐츠진흥원, 2020년 추정치는 2021년 6월에 발표 예정). 콘텐츠
산업 중에서도 게임산업의 수출이 2017년 이후 놀라운 속도로 급
증하는 추세다. 특히, 2020년 코로나19 사태로 옥내 활동이 급증

주요 한류 콘텐츠 수출액 추이

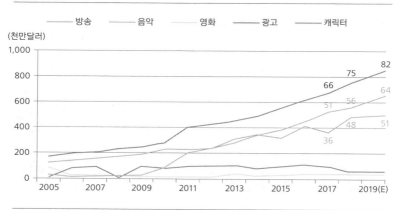

자료: 문화체육관광부, 한국콘텐츠진흥원, 『2019 콘텐츠산업 통계조사』

하면서 게임 수요가 크게 늘기도 했다. 넷마블, 게임빌, 컴투스, 넥슨, 엔씨소프트, 네오위즈 등과 같은 국내 게임 기업은 해외 현지화 노력 등을 통해 해외 시장을 공략하기 위해 노력해 왔고, 해외 매출이 점차 국내 매출 수준에 근접하고 있다. 2021년에는 해외 매출이 국내 매출을 초과할 것으로 전망한다.

한편, 캐릭터, 음악, 방송, 광고, 영화로 구성된 한류 콘텐츠 수출도 지속적으로 늘고 있다. 4번 연속 빌보드 차트 1위를 석권한 BTS, 칸 영화제에서 황금종려상을 수상한 '기생충', 넷플릭스(Netflix)에서 세계 1위 드라마로 명예를 떨친 '더 킹: 영원의 군주', 전 세계 유튜브 동영상 5위에 달하는 한류 캐릭터 '아기상어' 등 콘텐츠 수출에서 불황이란 찾아볼 수 없다. 캐릭터를 개발하고, 캐릭터 상품을 제조·유통하는 캐릭터 산업은 빠질 수 없는 중요한 한류 콘텐츠 산업이다. 펭수는 세계적으로 인기를 끌 차세대 문화 수출품으로 주목받고 있다.

콘텐츠 산업의 5대 웨이브

콘텐츠 산업의 첫 번째 웨이브는 '언택트&커넥트(Untact and Connect)'다. 비대면·비접촉 환경에서 콘텐츠가 전달되고 있지만, 사실상 더욱 긴밀하게 연결되어 있다는 의미다. 대표적인 사례가 클라우드에 기반한 커넥티드 게임이다. 커넥티드 게임이란 사용자 간 연결되어, 게임으로 얻은 점수를 공유하거나 여러 명이 함께 플레이하는 멀티플레이 게임이다. 구글 클라우드 등은 게임산업에서 중요한 파트너로 부상하고 있다. 한편, 빅데이터와 모션캡처(Motion Capture), 가상·증강현실 등의 기술이 활용되면서, 비대면 콘텐츠를 제공하는 전문가와 소비자가 더 긴밀하게 연결되고 있다. 예를 들어, 코로나19로 '홈트'(홈 트레이닝)가 유행처럼 번지고 있는 가운데, 기업들은 '스마트 홈트'를 제공하기 시작했다. 전문가의 움직임을 4가지 각도에서 확인하는 멀티뷰 영상과 360도 AR로 자세히 보기를 제공하고, AI 코치와 실시간으로 소통하며 체계적으로 자세를 배울 수 있다. LG유플러스는 비대면 환경에서 운동하고 있지만, 더욱 밀접히 연결되어 있는 콘텐츠들을 400여 편 이상 확보할 계획이다.

둘째, '초실감(Ultra Reality) 콘텐츠'의 급부상이다. 5G가 상용화되고, 5G 인프라가 확대보급됨에 따라 3D 영상, 홀로그램, 가

자료 : LG유플러스

상·증강·혼합현실 기술을 활용해 '실감 나는' 콘텐츠의 공급이 쏟아지고 있다. 필자는 헬기를 타고 독도에 다녀온 적이 있다. 아니 그랬다고 착각하고 살아가고 있다. 가상현실 기술은 단지 5분 동안의 체험으로 그렇게 필자를 만들었다. 삼성동 코엑스에 전시된 디스트릭트(d'strict)의 초대형 사이니지 'Wave'는 세계인의 감탄을 자아내고 있다. 그 밖에도 아이돌 가수가 없는 콘서트, 동물이 없는 동물원 등과 같은 초실감 콘텐츠를 활용하는 다양한 사례들이 등장하고 있다. 교육 콘텐츠도 초실감화된 교육 콘텐츠가 확대되면서 산업의 패러다임을 바꾸고 있다.

셋째, '콘텐츠의 초맞춤화(Hyper-Customization)' 웨이브가 나타나고 있다. 세계 최대의 음원 스트리밍 서비스를 제공하는 '스포티파이(Spotify)'는 사용자의 콘텐츠 조회 및 이용 이력, 아티스트에 대한 평가 등에 관한 빅데이터와 사용자의 생각과 감정을 판단해 음악을 추천한다. 특히 2020년 6월 실행된 『자율주행자동차 상용화 촉진 및 지원에 관한 법률』을 주목해야 한다. 향후 완전 자율주행자동차가 보급되는 시점에는 사용자가 운전을 하지 않는 대신 다양한 정보 탐색과 오락을 즐기는 형태로 이동시간을 이용하게 될 것으로 예상한다. 이에 자율주행차 확산과 함께 주목받는 산업이 인포테인먼트(Infotainment)다. 인포테인먼트는 정보(Information)와 오락(Entertainment)의 합성어다. 사용자의 상황과 기분 등을 고려해 맞춤화된 콘텐츠를 제공하는 것이 더욱 중요해질 것이다.

넷째, 콘텐츠의 '구독 서비스(Subscription Service)'로의 전환이 일어나고 있다. 음악, 영화 등과 같은 콘텐츠를 구매하고 소유하는 형태에서, 원하는 환경에서 원하는 콘텐츠를 즐길 수 있는 형태로 전환되고 있는 것이다. 구독경제(Subscription Economy)는 일정액을 내면 사용자가 원하는 상품이나 서비스를 공급자가 주기적으로 제공하는 방식을 통칭하는 용어다. 전 산업에 걸쳐서 일어나고 있는 현상이지만, 콘텐츠 서비스에서 더욱 두드러지게 나타나고 있다. 세계 최대 온라인 스트리밍 서비스인 '넷플릭스(Netflix)'가 대표적인 사례다. 넷플릭스 사용자는 일정한 이용료를 지불하고, 다양한

국내 OTT 시장 규모 추이

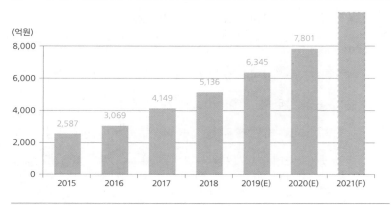

(억원)

자료: 방송통신위원회
Note: 2021년 전망치는 2015~2020년 연평균증가율을 반영해 추산

장르의 영상 콘텐츠를 즐길 수 있다. 교육, 게임, 출판, 지식정보 등의 콘텐츠 산업에 걸쳐 구매에서 구독으로 점진적인 전환이 이루어지고 있다.

다섯째, '콘텐츠 플랫폼 전쟁'이 본격화되고 있다. 사용자들과 맞닿아 있는 슈퍼 플랫폼이 등장하고, 이들 간의 경쟁이 가열되고 있다. 넷플릭스, 유튜브, 애플TV에 이어 새로운 강자들이 다양한 콘텐츠를 무기로 도전장을 내밀고 있다. 월트 디즈니는 스트리밍 플랫폼인 '디즈니 플러스(Disney +)'를 앞세워 콘텐츠 지위를 공고히 하고 있다. 2019년 11월 출시한 디즈니 플러스는 2020년 자체 및 제휴사의 인기 콘텐츠를 활용해 많은 가입자를 유치할 계획이다. 2021년에는 아바타2와 같은 대형작품을 출시해 디즈니 플러

국내 OTT 이용률 현황

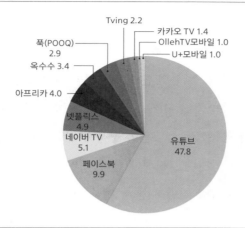

자료: 방송통신위원회(2020) 2019년 방송매체 이용행태사

스의 성과를 올려줄 것으로 전망한다. 이처럼 OTT[6] 플랫폼이 부
상함에 따라 소비자들은 두 개 이상의 플랫폼을 이동하면서 즐기
기 시작했다. 소위 '콘텐츠 유목민'이 등장하면서, 플랫폼 간 콘텐
츠 경쟁은 더욱 가속화하고 있다. 플랫폼 전쟁에서 국내외 OTT 시
장은 지속적으로 성장할 것으로 전망한다. 그러나 국내 OTT 시장
은 구글의 유튜브와 페이스북 등의 해외 플랫폼에 압도당하고 있
는 상황이다.

---

6   OTT(Over The Top)는 TV 셋톱박스를 넘어 범용 인터넷을 기반으로 방송 프로그램, 영화 등의
미디어 콘텐츠를 제공하는 서비스를 뜻한다.

콘텐츠 산업의 뉴웨이브, 어떻게 파도를 탈 것인가?

첫째, 콘텐츠 산업 내 패러다임 전환 및 트렌드를 탐색하라. 언택트&커넥트, 초실감화, 초맞춤화, 구독서비스, 플랫폼 전쟁 등의 트렌드를 반영하고, 자사의 콘텐츠 산업 내에서 트렌드를 선도하기 위한 방법과 기술을 포착해야 한다. 둘째, 플랫폼 전쟁에 대응하라. 기업들은 범용화된 플랫폼을 구축할 것인지 아니면, 기존 플랫폼을 활용할 것인지를 결정해야 한다. 어떤 플랫폼과 협업하고, 어떤 콘텐츠를 제휴할 것인지 등에 관한 의사결정이 사업의 성패를 결정지을 수 있다. 셋째, 해외 OTT 서비스가 국내 시장 진출을 확대하고 있어, 대응책 마련도 요구된다. 국내 OTT 기업들은 콘텐츠를 생산하는 방송사와 제휴하고, 통신사들과의 협업을 통해 인프라를 확보할 필요가 있다. 한편, 세계적으로 수요가 늘고 있는 K-콘텐츠를 활용해 세계 시장에서의 입지를 넓히는 노력이 병행되어야 하겠다. 정책적으로도 유망한 콘텐츠 개발을 지원하고, 초실감·초맞춤 콘텐츠 서비스를 위한 R&D를 확대할 필요가 있다. 콘텐츠 및 플랫폼 기획과 기술적 역량을 갖춘 인재 양성도 중요하다. 수축하고 있는 전통 콘텐츠와 미디어 기업들의 사업 재편과 인력의 이동을 유인하는 문화산업 정책도 함께 마련되어야 하겠다.

4부

2021년 경제 전망과 대응 전략

01 / 경제 전망의 주요 전제

코로나19 이전, 2020년 세계경제는 희망이 있어 보였다. 2020년 1월 세계은행(World Bank)은 세계경제전망 보고서를 발표하면서, 주제를 'Slow Growth, Policy Challenges'로 선정한 바 있다. 도전 과제들이 있고, 성장 속도도 느리지만 어쨌든 세계경제가 회복된다고 전망했다.[1]

코로나19 이후, 상황은 완전히 달라졌다. 2020년 4월 IMF(국제통화기금)의 경제전망 보고서의 주제는 "The Great Lockdown(대봉쇄)"이었다. 수도꼭지가 잠기듯 세계경제는 멈춰섰다. 코로나

---

1 IMF도 1월 당시 경제전망 보고서의 주제가 'Tentative Stabilization, Sluggish Recovery(잠정적 안정화, 더딘 회복)'이었다.

19는 이 시대를 살아가는 인류에게 처음 경험하는 수준의 경제충격을 안겨줬다. '살아가기'보다 '살아내기' 위한 시간이었다. 객관적인 경제전망이 절실해진 시간이다.

2020년 세계경제 회고와 2021년 세계경제 전망은 경제주체들의 의사결정에 중대한 지침이 될 것이다. 2020년 세계경제의 지형을 세계경제, 주요국 경제, 국제유가, 환율 순으로 들여다보고, 국제기구들의 전망치를 전제로 한국경제를 전망하는 순서로 글을 전개할 예정이다.

코로나19 이전 세계은행 경제전망보고서 표지(2020.1)

코로나19 이후 IMF 경제전망보고서 표지(2020.4)

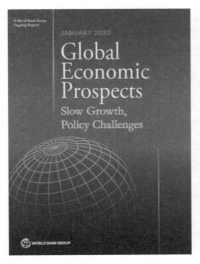

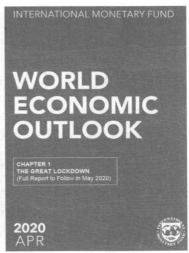

자료 : World Bank(2020.1)

자료 : IMF(2020.4)

2020년 세계경제 회고

코로나19 이전까지만 해도, 2020년 세계경제는 회복될 것만 같았다. 2019년 한해 미중 무역갈등으로 불안정했던 경제가 안정화되고 회복속도가 다소 더디긴 하지만 회복될 것으로 전망했다. IMF는 세계 경제성장률이 2019년 2.9%를 기록하고 2020년 3.3% 수준으로 반등할 것이라고 전망했다.[2] 세계은행[3], OECD[4] 등과 같은 주요 국제기구들도 같은 기조로 2020년 경제를 바라보았다. 즉,

---

2 IMF(2020.1), World Economic Outlook update
3 World Bank(2020.1), Global Economic Prospects
4 OECD Economic Outlook, Volume 2019 Issue 2

2020년은 경기 저점에서 벗어나 완만한 회복세가 시작되는 해로 판단했다.

2020년 세계경제는 '대봉쇄(The Great Lockdown)'로 표현될 만하다. 세계경제는 코로나19 충격으로 정상적인 경제 활동에 제약이 있었다. IMF는 2020년 세계 경제성장률 전망치를 4월에는 −3.0%로 발표했다가, 6월과 10월에 각각 −4.9%, −4.4%로 수정 발표했다. 1930년대 대공황 이후 가장 충격적인 전망치를 마주한 경제주체들은 극도의 공포감을 느꼈고 주가, 금리, 환율, 원자재 가격 등의 거시경제지표는 태풍을 맞은듯 출렁였다. 항공업, 면세점업, 여행업은 물론이고, 수출계약이 취소되고 공장 가동이 멈췄고 자영업자들은 무너졌다. 세계 각국 정부는 대규모 경기부양책과 기준금리 인하 조치를 가동하며 대응에 나섰지만, 이미 신흥국들로 퍼져나간 코로나19는 걷잡을 수 없게 되었다.

2021년 세계경제 전망

2021년 세계경제는 '이탈점(Point of Exit)'이다. 2020년의 경제충격을 딛고 2021년 반등할 것으로 전망된다. IMF는 2021년 세계 경제성장률을 5.2%로 전망했다. 세계은행, OECD, BIS 등의 세계 주요 경제기구는 2020년과 2021년 전망에 대해 같은 기조를 유지하고 있다. '2020년 저점을 형성하고 2021년에 반등한다.' 코로나 19 치료제와 백신이 개발·보급되어 조기 안정화될 것을 가정했을 때는 확실히 그렇겠지만, 2021년 안에 코로나19가 종식되지 않을

지라도 회복세는 나타날 것으로 보인다. 경제주체들은 2020년 당시와 같은 수준의 공포감을 느끼지 않을 것이고, 경제 활동 자체를 멈추기보다 주어진 환경에 순응하는 방식으로 기업은 경영 활동을 재개하고 소비자는 소비를 시작했기 때문이다. 위드 코로나(With Corona), 즉 경험을 통해 코로나19를 안고 살아가는 방법을 터득한 것이다.

유의할 점 한 가지는 5.4%라는 세계 경제성장률의 의미다. 코로나19 이전 세계 경제성장률이 약 3.5% 수준이었기 때문에, 평년 보다 오히려 호조세를 보이는 듯한 인상을 주지만 사실 그렇지 않다. 농부가 매년 100상자의 사과 농사를 짓는다고 가정해 보자. 그런데 올해 농사가 망해 50상자로 줄었다. 내년에는 조금 나아져 80상자를 수확한다고 할 경우 내년 성과는 엄청나게 증가한

IMF의 2021년 세계경제 전망

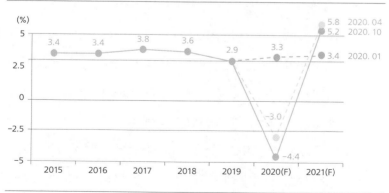

자료 : IMF
주 : 2020년 1월과 6월 전망은 각각의 점선으로, 2020년 10월 전망은 실선으로 표시함.

것이지만 평년보다도 못한 수준에 불과하다. 기저효과를 설명하고자 한 것이다. 글로벌 금융위기의 충격으로 세계경제가 역성장(-0.07%)한 이후 2010년 5.42% 성장률을 기록한 것도 궤를 같이한다. 즉, 2021년에 회복은 하겠지만, 숫자만큼 뚜렷한 회복이 아니라는 점을 이해할 필요가 있다. 따라서 경제성장률, 물가상승률, 취업자 증감 등의 거시지표들이 '수치상으로는' 좋아 보이는데, 체감경제와는 상당한 괴리가 있을 것이다.

2021년 세계경제는 구조적으로도 '이탈'이 있을 것으로 보인다. 기존의 경제구조, 경제규칙, 경영방식에서 이탈해 전혀 다른 패러다임이 전개될 것이다. 이른바 뉴노멀(New Normal) 시대다. 새로운 것이 표준이 되고 평범한 것이 된다. 글로벌 밸류체인(GVC)이 붕괴하고 리쇼어링이 확대되면서 탈세계화가 진전된다. 사상 유례없는 초장기-초저금리의 시대로 전환된다. 대면 서비스에 의존하는 경영방식에서 이탈해 비대면 서비스 중심으로 전개되는 즉 언택트 시대에 놓이게 된다. 기업의 경쟁력이 '제품과 서비스'가 아닌 '데이터'를 얼마나 잘 활용하는가에 따라 결정되는 데이터 경제로 진화한다. 중국은 디지털 화폐 개발을 본격화해 새로운 패권전쟁을 이끌어 나간다. 경제주체들은 기존의 방식이 아닌 달라진 환경을 읽어내고 이에 걸맞은 준비를 해야 할 때다.

2021년 주요국별 전망

2021년 세계경제는 선진국을 중심으로 뚜렷한 회복세를 보일 전망이다. 미국, 유럽, 일본 등 선진국들은 상대적으로 코로나 19가 조기에 확산함에 따라 2020년 2분기에 경제충격이 집중되었고 2020년 하반기부터 완만한 회복세가 나타나기 시작했다. 몇몇 국가는 코로나19 이전 상황으로 거의 회복하기도 했다. 반면 신흥국들은 상황이 다르다. 중국을 제외한 신흥국들은 뒤늦게 팬데믹이 전개되었고, 보건 및 방역시스템이 갖추어져 있지 않아 대규모 피해가 확산하고 있다. 2020년 9월 현재 인도, 브라질, 러시아, 멕시코, 남아프리카공화국, 칠레, 방글라데시 등의 신흥국을 중심으로 코로나19가 확산하고 있어, 완화되는 시점도 경제회복에 걸리는 시간도 모두 지연될 것으로 전망된다.

주요국별로 살펴보자. 미국은 2020년 사상 최악의 역성장을 경험했다. 미국의 2020년 2분기 GDP는 전기 대비 연율 −31.7%로 통계 집계 이후(1947년) 최저 수준을 기록했다. 그러나 2분기 저점을 기록한 후 3분기와 4분기 들어 회복국면에 진입했다. 제조업과 비제조업 모두 확장국면에 진입했고, 고용과 소비 등의 실물지표가 개선되고 있다. 정책 대응 여력도 충분해 대규모 경기부양책이 시행되면서 2021년까지 개선세가 지속될 것으로 보인다. 연준의 선제적 지침(Forward Guidance)을 통해 알 수 있듯, 지금과 같은 제로금리를 2023년까지 이어가겠다는 통화정책의 의지도 경기회복의 마중물 역할을 할 것으로 판단된다.

유로지역(Euro Zone)은 원래부터 극심한 부진을 경험하고 있었기 때문에 상황이 다르다. 유로지역은 2018년 이후 회복세가 점차 둔화하면서 2019년 1.3% 수준의 부진한 흐름이 2020년까지 지속되고 있었다. 그런 유로존이 코로나19의 최대 피해지역이 되었고, 지역 간 이동을 막는 봉쇄조치를 이행하면서 2분기 경제성장률이 역대 최저수준인 −14.7%를 기록했다. 특히, 프랑스, 이탈리아, 독일, 스페인은 산업생산, 소매판매와 같은 내수경기 침체가 이어졌다. 2020년 7월부터 유로지역의 소비자물가상승률, 경기선행지수, 소비자신뢰지수 등의 지표들이 반등해 코로나19 이전 수준을 향해 움직이고는 있지만, 그 흐름이 매우 더디다.

일본경제는 회복이 불투명하다. 일본은 코로나19 이전에도 2020년 0.4% 성장세로 부진할 전망이었다. 1990년대 초 버블이 붕괴된 이후 일본 경제는 장기 저성장세가 지속되고 있다. 2017년까지 약 30년간 평균 1% 성장에 그쳤고, 2018년 이후 경제성장률은 0%대의 침체국면에 진입한 상황이었다. 기저질환이 있는 노약자에게 코로나19의 충격이 더 클 수 있듯, 일본경제는 2021년에도 회복세가 불투명하다. 2020년 7월 개최 예정이었던 도쿄 올림픽마저 연기되어, 수소경제 등의 신성장동력을 뽐낼 기회도 사라졌다. 2021년 7월로 연기되었지만, 지금으로서는 이마저도 장담하기 어렵고 상당 부분 축소된 형태로 진행될 가능성이 커졌다.

2021년에는 신흥개도국들의 회복세가 미미할 것으로 전망된다. 2020년 중국의 경우 세계에서 가장 빠른 회복세로 진입했으나, 그 밖의 신흥국은 선진국을 중심으로 한 코로나19 1차 확산 이후 2차 대유행의 대상이 되었기 때문에 회복속도가 더딜 수밖

IMF의 2021년 주요국별 경제전망

(%)

	2018년	2019년	2020년(F)	2021년(F)		
				2020년 1월 전망	2020년 4월 전망	2020년 6월 전망
세계경제성장률	3.6	2.8	−4.4	3.4	5.8	2
선진국	2.2	1.7	−5.8	1.6	4.5	3.9
미국	2.9	2.2	−4.3	1.7	4.7	3.1
유로지역	1.9	1.3	−8.3	1.4	4.7	5.2
일본	0.3	0.7	−3	0.5	3.0	2.3
신흥개도국	4.5	3.7	−3	4.6	6.6	6.0
중국	6.7	6.1	1.9	5.8	9.2	8.2
인도	6.1	4.2	−10.3	6.5	7.4	8.8
브라질	1.3	1.1	−5.8	2.3	2.9	2.8
러시아	2.5	1.3	−4.1	2.0	3.5	2.8
ASEAN−5	5.3	4.9	−3.4	5.1	7.8	6.2
세계교역증가율	3.8	1.0	−10.4	3.7	8.4	8.3

자료 : IMF(2020. 10.) World Economic Outlook update.
주 : ASEAN−5는 인도네시아, 말레이시아, 필리핀, 태국, 베트남을 가리킴

에 없다. 중국은 세계 주요국 중에서 유일하게 2020년 플러스 성장을 기록할 나라다. 정부부채와 회사채 문제가 상당하긴 하지만, 2021년 코로나19 이전 수준으로 도약할 것으로 전망된다. 인도, 브라질, 러시아[5] 등과 같은 신흥국들은 코로나19 재유행의 충격으로 2020년 하반기까지 경제가 마비되었다.

---

5 인도, 브라질, 러시아는 2020년 9월 기준 코로나19 확진자 수 기준으로 각각 2위, 3위, 4위를 기록 중이다(미국, 1위).

2021년 국제유가 전망

2020년 국제유가 역사상 가장 희귀한 일을 경험했다. 국제유가가 마이너스를 기록한 것이다. 구체적인 내용은 '2부의 4장 디플레이션 소용돌이(Deflationary Spiral)'를 확인하길 바란다. 코로나19의 충격으로 모든 경제활동이 수축됨에 따라 원유수요가 급격히 줄어들었다. 근래 들어 국제유가는 2020년이 가장 낮고, 2020년 연중에서도 코로나19 확산세가 가장 거셌던 2분기가 가장 낮았다.

국제유가는 2분기 저점을 기록한 후 3분기와 4분기를 지나면서 완만한 속도로 회복될 전망이었다. 원유 수요가 감소한 만큼 OPEC+[6]가 원유 감산에 합의하고, 각국의 봉쇄조치 완화로 원유 수요도 점증할 것으로 보았다. 2020년 3분기 들어 기대 이상의 유가 상승세가 나타났다. 미국에 허리케인이 상륙해 원유 생산이 줄어들었고, 미국과 이란의 갈등을 비롯한 중동 불안이 가중되면서 원유 공급이 축소되었기 때문이다.

EIA(U.S. Energy Information Administration)에 따르면, 국제유가는 2020년 2분기 저점을 기록한 이후 완만한 상승세를 지속할 것으로 전망했다. 2021년에도 WTI와 브렌트 유가가 모두 완만하게 상승해 4분기 들어서는 각각 47.0달러, 51.0달러를 기록할 것으로

6　OPEC+는 OPEC과 러시아 등 주요 동맹 산유국들의 연합체다. 2019년 1월 기준 OPEC(석유수출국기구, Organization of Petroleum Exporting Countries)의 회원국은 중동 5개국(사우디아라비아, 쿠웨이트, 아랍에미리트, 이란, 이라크), 아프리카 7개국(나이지리아, 리비아, 알제리, 앙골라, 가봉, 콩고, 적도기니), 베네수엘라, 에콰도르 총 14개국이다.

주요 국제유가 동향 및 전망

(달러/배럴)

구분	2017년	2018년	2019년	2020년						2021년 (F)
				1분기	2분기	3분기	4분기(F)	연간(F)		
WTI	50.8	65.1	57.0	45.3	28.0	41.5	41.2	39.0		45.1
브렌트유	54.2	71.2	64.4	50.0	29.5	44.0	44.2	41.9		49.1

자료 : EIA(2020.9) STEO(Short-Term Energy Outlook).

전망한다. 즉, 국제유가가 2021년 4분기에는 2020년 1분기 수준 이상으로 회복될 것이라는 관측이다. 시장에서 미국의 저금리 기조 장기화 등에 따라 달러화가 약세를 보일 것으로 전망하고 있다는 점도 국제유가의 상승세를 뒷받침 해준다.

단, 가격이 상승할수록 산유국들이 감산합의를 이행하지 않고 원유생산을 재차 늘릴 유인이 커진다. 2019년에도 이라크, 나이지리아, 러시아 등의 국가들이 감산을 완전히 이행하지 않은 바 있고, 에콰도르는 재정상의 이유로 OPEC을 탈퇴하기도 했다. 경제위기 상황에서 재정을 마련하기 위해 원유를 더 공급하고자 할 것이고, 감산합의 이행이 어려워질 수 있다. 뿐만 아니라 원유재고도 상당한 수준으로 누적되어 있어 국제유가 상승을 제약하는 요인으로 작용할 것으로 보인다.

2021년 주요국 환율 전망

원/달러 환율은 금 가격과 함께 2018년~2020년까지 추세적으로 상승했다. 2018년~2019년 동안에는 미중 무역분쟁이 격화하면서 세계경제의 불확실성이 고조되었고, 2020년 코로나19 팬데믹의 충격으로 공포감이 최고조에 이르렀다. 국제 금 가격은 2020년 한해 최고점을 계속 경신했고, 2020년 7월 역사상 최고점인 1,975.9달러를 기록했다. 원달러 환율도 2020년 5월 1,238.5원을 기록하며 초강세 기조를 보였다. 2020년 중반부터 달러와 금의 탈동조화(Decoupling) 현상이 나타나고 있다. 달러와 금은 안전자산을 대표하는 투자대상이므로, 불확실성(Uncertainty) 또는 위험(Risk)이 커질수록 가치가 상승하는 경향이 있다. 두 지표가 다른 방향으로 이동할 경우 미국 자체적인 이슈(통화정책, 안보문제, 전염병 확산, 경제위기 등)에 기인할 가능성이 크다. 2020년 하반기 코로나19가 확산하면서 불확실성이 고조됨에 따라 안전자산 선호현상

원달러 환율 및 국제 금 가격 동향

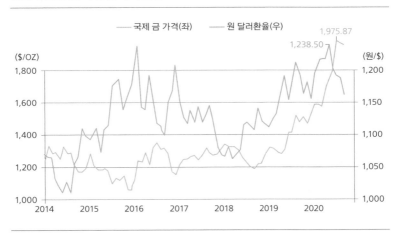

자료 : 한국은행, COMEX(Commodity Exchange, Inc., 뉴욕상품거래소)
주 : 매월 종가기준이고, 2020년 9월은 18일 기준임.

주요국 환율 동향 및 전망

(엔/달러, 달러/유로, 위안화/달러)

		3개월	6개월	9개월	12개월
엔화 (최근 104.57)	평균	104.90 (−0.3%)	105.71 (−1.1%)	106.33 (−1.7%)	105.14 (−0.5%)
	최고/최저	110/100	110/101	112/99	112/97
유로화 (1.1840)	평균	1.1780 (−0.5%)	1.1814 (−0.2%)	1.1820 (−0.2%)	1.2167 (+2.8%)
	최고/최저	1.23/1.14		1.25/1.12	1.26/1.15
위안화 (6.7692)	평균	6.8450 (−1.1%)	6.7514 (+0.3%)	6.7320 (+0.6%)	6.6900 (+1.2%)
	최고/최저	7.15/6.70	7.15/6.60	7.25/6.65	6.90/6.50

자료 : JP Morgan, Goldman Sachs 등 12대 해외 투자은행들의 환율 전망 평균, 국제금융센터
주1: 2020년 9월 18일 기준.
주2: 유로화는 1유로당 달러, 엔화와 위안화는 1달러당 해당통화.
주3: ( )안은 최근 대비 절상(또는 절하)폭.

이 증대되지만(국제 금 가격 상승), 미국을 중심으로 그 충격이 집중되고 의회에서 추가 재정부양책 규모와 관련해 교착상태가 지속되면서 달러는 약세로 전환되었다. 특히, 미국 연준이 9월 FOMC를 통해 평균물가목표제(AIT)를 도입하기로 하면서 뚜렷한 약세흐름을 보였다. 평균물가목표제에 관한 구체적인 내용은 '1부의 6장 완화의 시대: 역사상 최저금리 언제까지'를 참조하기 바란다.

2021년에는 엔화 약세, 유로화 약보합세, 위안화 강세를 보일 것으로 전망된다. 세계 주요 투자은행들의 환율 전망에 따르면, 엔화는 최근 미중 갈등에 따른 안전자산 수요 등으로 대폭 강세를 보였기 때문에, 일본은행(BOJ)은 구두개입 등을 통해 엔화 약세를 유도할 것으로 보인다. 디플레이션에 다시 진입할 우려가 커지고 있는 바, 새롭게 출범한 스가 총리는 이에 대응하기 위한 적극적인 움

직임을 취할 것으로 판단된다. 유로존은 2020년 6월~8월 연속 디플레이션을 기록함에 따라 유로화 약세기조를 유지해야 할 필요성이 제기되었고, 유럽의 경기회복 지연으로 약보합세가 전망된다. 위안화는 2020년 하반기 경제지표가 호조를 보여 해외자금이 집중적으로 유입되면서 강세를 보였다. 중국은 앞으로도 여타국에 비해 뚜렷한 경기회복세를 보이고, 매력적인 국채수익률 등으로 자금 유입이 지속되면서 위안화 강세를 지속할 것으로 예상한다.

02 / 2021년 한국경제 전망과 대응전략

2021년 한국경제 전망

코로나19가 확산되기 전까지만 해도 경제는 회복되고 있었다. 2019년 말부터 수출, 생산, 투자, 소비 부문에 걸쳐 경기저점으로부터 반등하는 흐름이 나타났다. 2020년 한국경제는 세계경제의 회복세와 함께 완만하게 회복되는 국면이었다. 그러나 회복의 기대감도 잠시, 2020년 1월 25일 설 연휴를 전후로 코로나19 발생 및 확산의 불안감이 나타나기 시작했다. 2020년 경제는 코로나19의 소용돌이가 헤집고 간 충격적인 위기 구간이 되고 말았다.

2021년 경제는 경제위기로부터 서서히 회복을 시작하는 '이탈점(Point of Exit)'이다. 코로나19가 언제 종식되고, 얼마나 더 확산할

코로나19 확산 시나리오에 대한 전제

시나리오1	낙관적 시나리오 : 2021년 상반기 중 코로나19가 종식될 것으로 전제
시나리오2 (기준)	중립적 시나리오 : 2021년 간헐적 확산이 이어질 것으로 전제
시나리오3	비관적 시나리오 : 2021년 심각한 재확산으로 이어질 것으로 전제

지는 예상할 수 없다. 또한, 코로나19의 확산 정도는 2021년 경제 회복 정도에 지대한 영향을 미칠 것이다. 따라서 코로나19의 확산세에 대한 가정에 기초해서 경제를 전망할 수밖에 없다.

시나리오1은 매우 낙관적인 상황을 전제한다. 2020년 하반기 중에 코로나19가 안정화되고, 안정된 상태를 지속하다가 2021년 상반기 중 치료제 및 백신이 개발·보급되면서 종식될 것으로 전제한다. 이 경우 2020년 연말부터 내수 중심으로 뚜렷하게 회복세를 나타내고, 2021년은 뚜렷한 반등이 시작될 것으로 보인다. 코로나19가 종식되면 여행서비스를 비롯한 관광, 소비재, 내구재 등에 걸쳐 뚜렷한 회복이 진전될 것이다. 이른바 '보복적 투자', '보복적 소비'가 나타날 것이다. 소비자들이 미뤘던 해외여행에 몰리고, 내구재 소비를 단행하는 것이다. 기업들 또한 미뤘던 신제품 출시를 시도하고, 신사업 진출을 위한 본격적인 투자가 진행되면서 고용시장도 활기를 찾을 것으로 예상된다. 2020년 한국 경제성장률은 −0.4%로 IMF 외환위기 이후 최저점을 기록하고, 2021년에는 3.5% 수준으로 극적인 반등을 이룰 것으로 전망된다.

시나리오2는 코로나19 확산 정도를 중립적으로 전제한다. 2021년 심각한 재확산은 없지만, 국지적이고 간헐적인 확산이 이어질 것으로 전제한다. 한국은행이나 주요기구들도 이를 기본 시나리오로 한다. 이 경우, 글로벌 소비와 투자가 지속적으로 수축되기 때문에 기업들의 실적이 개선되는 시점도 지연될 것으로 보인다. 불확실성이 완전히 해소되지는 않기 때문에, 기업들이 안정적인 매출이 기대되는 영역을 중심으로 소극적 투자가 진전되어 뚜렷한 고용 등 내수 회복이 지연될 것으로 판단된다. 다만, 정부의 확장적인 재정정책과 한국판 뉴딜 사업 등을 중심으로 한 정부부문의 투자가 경제 회복에 상당한 기여를 할 것으로 예상된다. 2020년 한국 경제성장률은 −1.1% 수준을 기록하고, 2021년에는 2.9% 수준의 회복경로에 놓일 것으로 전망된다. 물론, 기저효과를 감안한다면, 경제주체들이 체감할 만큼 뚜렷한 회복세를 느끼기는 어려울 것으로 보인다.

시나리오3은 상상하고 싶지 않은 최악의 비관적 전제다. 코로나19가 2021년 연말까지 지속되고, 심각한 재확산으로도 이어질 것을 전제한다. 세계 전역에 걸쳐 경제활동이 수축될 것이고, 2020년 한해를 버텨낸 기업들은 고용을 유지할 수 없어 대규모 구조조정에 들어가기도 한다. 신산업 진출이나 R&D 투자도 급격하게 줄어들 것이다. 국가 간 인적·물적 교류가 차단되다시피 한 상황이 장기화되다 보니 한국의 대외거래와 내수경기가 동반 침체할 것으로 예상된다. 물론, 2차 재유행이 발생하더라도, 2020년만큼의 충격이 나타나긴 어려울 것이다. 왜냐하면, 이미 '코로나19를 어떻게 안고 살아갈지' 대응방법을 찾았기 때문이다. 2020년 한

2021년 한국경제 전망

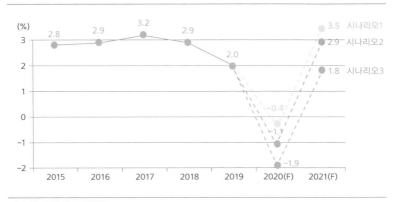

자료 : 한국은행, 한국무역협회
주1 : 2020년 10월 5일 기준 전망치임.
주2 : 시나리오2는 기준이 되는 전제를, 시나리오1은 코로나19 방역의 낙관적 전제를, 시나리오3은 비관적 전제를 의미함

해 재택근무, 원격교육, 마스크 착용 문화, 사회적 거리두기 지침, 온라인 쇼핑, 디지털 플랫폼 도입 등의 대응책을 마련했기 때문에, 2021년은 2020년보다 나을 것이다. 2020년 한국 경제성장률은 −1.9% 수준에 달하고, 2021년은 1.8%로 반등할 것으로 전망된다. 이 역시 기저효과에 따른 숫자적인 반등이지 체감은 평년보다 훨씬 못할 것이다.

2021년 부문별 한국경제 전망

2021년 경제는 2020년의 마이너스 기조에서 이탈하는데, 부문별로 얼마나 크게 플러스로 반등하는지가 관전 포인트다. 부문별로 보았을 때, 민간소비와 설비투자가 크게 반등할 것으로 보인

다. 2020년에 비해 기업들의 설비투자가 반등하고 신규 취업자도 상당한 수준으로 증가함에 따라 민간소비도 뚜렷하게 회복될 것으로 보인다. 건설투자는 마이너스 기조에서 벗어나기 어렵고, 수출은 플러스로 전환하지만 미약하다. 주요 부문별로 상세히 들여다보자. 물론, 부문별 전망치는 시나리오2를 전제로 한다.

(1) 소비

2020년 민간소비는 충격적이었다. 코로나19의 충격이 집중된 산업을 중심으로 무급 휴직 및 실업자가 급증했다. 자영업자들도 경기불황과 휴업 등으로 매출이 급감했다. 이는 결국 가계의 근로소득과 사업소득 감소로 연결됐을 뿐만 아니라, 소비심리마저 위

기초 설명

경제 = GDP

경제성장률 = GDP 증가율

경제 = GDP = C + I + G + netEx

(C는 소비, I는 투자, G는 정부지출, netEx는 순수출을 의미)

경제성장률은 경제규모(GDP)가 전년 경제규모에 비해 얼마나 증가했는지를 보여주는 지표다. 경제를 구성하는 항목이 소비(C), 투자(I), 정부지출(G), 순수출(netEx)이기 때문에, 경제성장률은 C, I, G, netEx의 (가중)평균적인 증가율이 되는 것이다. 투자(I)는 건설투자, 설비투자, 지식재산생산물투자로 구분되나, 지식재산생산물투자는 비중이 미미하여 전망의 대상에서 제외한다. 정부지출도 유사한 이유로 전망의 대상에서 제외한다. 국내외 주요 연구기관들도 같은 방법을 취한다.

축시켰다. 물론, 2차에 걸쳐 지급된 재난지원금이 충격의 일부를 상쇄하는 역할을 했다.

2021년에는 소비 증가율이 플러스로 전환될 전망이다. 낮은 금리가 지속됨에 따라 소비 여력이 확대되고, 비대면 서비스를 중심으로 소비가 뚜렷하게 회복되는 모습을 보일 것이다. 특히, 한국 판 뉴딜 사업과 같은 유망산업을 중심으로 한 기업의 설비투자가 회복됨에 따라 취업자가 증가하고 이는 곧 소비 증가에 상당한 영향을 미칠 것으로 예상된다. 다만, 기저효과의 영향이 지배적이기 때문에, 체감과는 크게 다를 것이다. 특히, 사회적 거리두기가 일상화되면서 대면서비스 회복이 지연되고, 여행, 관광 등의 서비스는 단기간에 이전 상황으로 돌아오기 어려울 전망이다. 주요 산업들의 구조조정이 본격화되고, 자영업자들의 경기불황도 장기화함에 따라 소비가 2020년에 비해 반등하는 것일 뿐, 진정한 의미의 회복은 아니게 될 것이다.

(2) 투자

건설투자가 2018년, 2019년, 2020년에 이어서 여전히 마이너스를 기록할 것으로 전망된다. 건설투자는 크게 토목부문과 건축부문으로 나뉘는데, 2018년부터 시작된 건축부문의 부진세가 2021년에도 지속될 것으로 보인다. 2021년 슈퍼예산안에서 볼 수 있었듯, SOC 예산이 크게 증가하면서 물류인프라, 통신인프라 등을 중심으로 토목부문이 상당한 수준으로 회복될 것으로 보인다.

특히, 그린 뉴딜 사업을 중심으로 정부 예산 및 민간자본이 투입됨에 따라 태양광, 전기 충전소, 수소 충전소 등과 같은 인프라 투자가 크게 증가할 전망이다. 그러나 부동산 시장에 강력한 규제가 도입됨에 따라 주택 건설을 중심으로 건축부문이 냉랭할 것으로 보인다. 오피스, 상가 등의 상업용 부동산의 공실률도 심각한 수준으로 높아지고 있어 착공물량이 크게 감소할 것으로 예상된다. 정부는 부동산 시장을 잡으려 하고 있고, 다주택자와 법인들은 부동산을 매도하려 하고 있으며, 건설사들은 향후 주택 경기를 비관적으로 보고 있어, 건축부문의 투자가 개선되기 어려울 것으로 판단된다.

필자는 『한 권으로 먼저 보는 2020년 경제전망』에서 "설비투자는 2020년에 유일하게 개선되는 부문으로 예측된다"라고 했는데 실제도 그랬다. 2020년 각 부문 중에 유일하게 플러스를 기록할 것으로 보인다. 2021년에도 설비투자가 가장 두드러지게 회복할 부문이 될 것으로 전망된다. 코로나19가 장기화하면서 불확실성이나 공포감이 더 확대되지 않으며, 낮은 금리가 유지됨에 따라 기업들의 투자심리가 다소 회복될 전망이다. 2021년 예산안에서도 나타났듯 '산업·중소·에너지' 부문의 예산을 가장 큰 폭(증가율 22.9%)으로 증대시켰고, 민간자본이 마중물 역할을 할 것으로 기대된다. 특히, 반도체는 기술격차를 유지하고 시스템 반도체 등 신성장 부문을 육성하기 위해 전략적 투자를 지속할 것으로 보인다. 반도체, 디스플레이, 배터리 등을 비롯한 IT부문은 소재·부품·장비 국산화를 위한 노력이 2021년에도 지속될 것이기에 재정 투입과 민간자본이 가장 집중적으로 투입될 영역이다. 다만, 자동차, 조선 등의 글로벌 수요 둔화로 석유화학 및 철강 산업에도 영향을 미쳐 투자가 부진할 전망이다.

(3) 수출

수출은 2019년에 이어 2020년에도 암담했다. 2019년에는 미중 무역분쟁이 격화하면서 대외여건이 매우 불안했고, 일본의 수출규제도 긴장감을 더했다. 2020년에는 팬데믹 충격으로 글로벌 수요가 급감하고, 수출 계약이 취소되는 등 수출시장의 더블 딥(이중침체)이 현실화 되었다. 2020년 하반기 들어 주요국의 경제활동이 재개됨에 따라 수출 부진이 완화되었지만, 코로나19 확산세가 꺾이지 않고 있어 개선세가 미진하다.

2021년은 글로벌 경제의 회복으로 대외거래 여건이 개선될 것으로 전망된다. OECD는 "세계경제가 예상치 못한 충격 이후 점진적인 회복세를 지속하고 있다(A gradual recovery is underway after an unprecedented shock)"고 표현했다.[1] IMF는 세계교역량이 2020년 -11.9%로 감소했으나, 2021년 8.0%로 증가할 것으로 전망했다.[2] 세계은행도 세계교역량이 2020년 -13.4%에서 2021년

---

1 OECD(2020.9) Economic Outlook
2 IMF(2020.6) World Economic Outlook Update.

2021년 부문별 한국경제 전망

(전년동기비, %, 만 명)

구분		2016년	2017년	2018년	2019년	2020년(F)	2021년(F)
경제성장률(%)		2.9	3.2	2.9	2.0	−1.1	2.9
	민간소비(%)	2.6	2.8	3.2	1.7	−3.0	3.1
	건설투자(%)	10.0	7.3	−4.6	−2.5	−0.5	−0.6
	설비투자(%)	2.6	16.5	−2.3	−7.5	2.4	3.9
수출증가율(%)		−5.9	15.8	5.4	−10.4	−8.5	3.2
소비자물가(%)		1.0	1.9	1.5	0.4	0.3	0.5
실업률(%)		3.7	3.7	3.8	3.8	4.1	3.9
취업자수 증감(만 명)		23.1	31.6	9.7	30.1	−13.0	25.0

자료 : 한국은행, 한국무역협회, 통계청
주1 : 2020년 10월 5일 기준 전망치임
주2 : 수출증가율은 재화의 수출(F.O.B)을 기준으로 함
주3 : 시나리오2(중립적 시나리오)를 전제로 전망함

5.3%로 회복될 것으로 전망했다.[3] 국제유가가 완만하게 상승하면서 석유제품의 가격이 정상화되고, 부진했던 자동차 수요[4]도 어느 정도 회복되는 등 대외 여건이 개선됨에 따라 수출이 개선될 것으로 판단된다.

2021년 이탈점, 어떻게 대응해야 하는가?

'기드온의 300 용사'라는 유명한 성경 이야기가 떠오른다. 미디안(이스라엘의 적)은 수년간 이스라엘 백성을 죽이고, 가축을 약탈

---

3 World Bank(2020.6) Global Economic Prospects.
4 KPMG(2020.4)는 글로벌 자동차 판매량이 2019년 90.3(−4.4%)→2020년 76.6(−15.2%)→2021년 85.9(12.2%)로 회복될 것으로 전망했다(단위:백만대).

FreeBibleimages.org.

해 갔다. 양식을 가져가는 것만이 아니고 농사 지을 씨앗마저 빼앗아 갔다. 단순한 노략질이 아니라 이스라엘 민족을 없애버리는 것이 미디안의 목표였다.

이스라엘 백성이 3만 2천 명 남은 상황이었다. 미디안 군사 13만 5천 명이 이스라엘을 멸족시키기 위해 대치하는 상황이었다. 하나님은 오히려 군사를 줄이라고 지시했다. 재판관 기드온은 병사들을 데려가 물을 마시게 했다. 대부분의 병사들은 물에 얼굴을 대고 마셨지만, 몇몇은 주위에서 일어나는 일을 살피면서 물을 손으로 떠서 마셨다. '어디서 공격이 시작될까', '언제 위기상황에 직면할까' 생각하며 준비된 자세로, 긴장한 자세로 주위를 살피는

300명의 용사만 뽑혀서 전쟁에 나갔다. 이들은 미디안 군사와 싸워 승리했다. 준비된 300명의 군사가 13만 5천 명의 대군을 이긴 것이다.

우리는 이스라엘과 같은 위기상황에 놓여있다. 수동적으로 위기 상황을 견딜 것인가? 아니면 준비된 자세로 대응할 것인가? 2021년은 구조적 변화가 본격화되는 시점이다. 지나온 길에서 한 번도 가보지 못한 길로 빠져나와야 하는 '이탈점'이다. 이런 시점에는 변화된 환경에 대응하지 않으면 안 된다. 변화의 흐름을 적극적으로 관찰하고, 위기와 기회를 포착해야 하며, 적절한 대응전략을 구사해야 할 것이다. 3대 경제주체(가계, 기업, 정부)의 의사결정은 '기드온의 300 용사'에 비유될 수 있겠다. 2021년을 맞이하는 경제주체들이 어떻게 기드온의 300 용사와 같이 대응할 수 있을지 제안을 담아 본다.

(1) 가계의 투자 관점의 대응

"변화에 투자하라." 저자가 늘 독자들에게 강조하는 문장이다. 여기서 투자는 먼저 '자신에게 투자'하라는 의미가 전제된다. 코로나19 이후 2021년 경제가 어떻게 변화할지를 먼저 들여다보고, 그 안에서 어떤 기회가 있고 또 위협이 있을지를 판단해야 한다. 구조적 변화가 본격화되는 2021년에 변화될 환경을 선제적으로 이해하고, 나를 그 미래에 요구되는 인재, 합리적인 투자자로 만들어야 하지 않을까 생각한다. 특히, 취업을 준비하는 학생이나 경력 개발 및 창업을 준비하는 예비창업자는 정부가 추진하는 디지털 인재 육성 프로그램 등을 적극 활용할 필요가 있다.

필자는 『한 권으로 먼저 보는 2020년 경제전망』에서 다음과 같이 제안한 바 있다. "긴축의 시대에서 완화의 시대로 전환되는 2020년은 유례 없는 초저금리를 경험하게 될 가능성이 있다. 금리가 하락하니, 현금을 보유하기보다는 유망한 투자처로 현금을 이동시킬 필요가 있다. 주식시장과 부동산시장이 2019년에 비해 매력적일 수 있다." 2021년에도 초저금리가 지속할 전망이다. 2021년 경제전망에 기초한 투자방법을 고려해 볼 만하다. 경제가 저점을 통과해 완만하게 회복되는 구간이기 때문에 자산가치의 상승세가 지속될 것이라고 판단된다. 다만 부동산시장에 대한 강력한 규제와 코로나19 충격에 따른 상용 부동산 공실 확대 등으로 부동산 투자는 추천할 만한 대상이 아니다. 2020년 고조되었던 불확실성이 2021년에는 상당한 수준으로 해소되면서, 최고가를 기록했던 금값은 안정화 될 것으로 전망한다. 원유선물 ETF 투자를 시도하는 것도 적절할 수 있겠다. 주요 국제기구들은 글로벌 수요 증가로 국제유가가 2021년 하반기까지 상승세를 지속할 것으로 보고 있다.

2021년 부동산시장은 매력적인 투자대상이 아니다. 2021년 가격조정 가능성에 대비해야 한다. 거시경제의 여건만 보면 부동산시장이 매력적일 수 있지만, 부동산 규제책들로 인해 다주택자와 법인을 중심으로 매도세가 강하게 나타날 것이기 때문에 2021년에는 주택가격이 조정을 받을 가능성이 크다. 다주택자라면 생활

SOC가 보강되는 등 주거 가치가 상승할 '똑똑한 한 채'를 선별하는 노력이 필요할 것이다. 실수요자라면 '청약을 통한 신규주택 분양'을 시도하기를 권한다. 시장에서는 규제를 피해 주택으로 분류되지 않는 지식산업센터와 같은 상업용 부동산으로 투자를 유도하려 할 것이고, 실제로 돈이 이동하는 흐름이 나타날 것으로 보인다. 교통인프라를 비롯한 생활 편의시설이 들어서고, 잠재적 입주자가 충분해 공실 가능성이 낮은 상업용 부동산이라면 가치 상승이 뚜렷하게 나타나겠지만, 그렇지 않은 보통의 부동산 가격은 일시적으로 조정을 받을 가능성이 크다고 판단된다.

주식시장은 중장기적으로 경제와 상관관계(선행성)가 높고, 금리와 역행하는 성격이 강하기 때문에, 2021년 주식투자는 추천할 만한 대상이다. 미국 대선 결과, 코로나19 치료제 및 백신, 도쿄 올림픽 개최 등과 같은 굵직한 이슈들도 주식시장에 상당한 영향을 미칠 것이다. 특히, 빅데이터와 인공지능을 다양한 산업에 도입하는 빅테크 기업들의 행보에 주목하고, 자율주행차 상용화, 전기자동차 배터리 고효율화, 생체인식 기술 활용 지급결제시스템, 6G 개발 경쟁, 시스템 반도체 개발 등의 디지털 리더들의 이슈는 중장기적인 주식투자 의사결정에 반드시 고려해야 할 사안들이다.

뉴딜펀드 투자를 고려할 만하다. 민간금융사를 중심으로 이미 민간 뉴딜펀드가 출시되고 있다. 예를 들면, 신한BNP파리바자산운용은 15년간 운용해왔던 기존 펀드를 뉴딜펀드로 리모델링해 '신한BNPP 아름다운 SRI그린뉴딜 펀드'를 출시했다. 정부의 계획대로라면, 정책형 뉴딜펀드와 뉴딜 인프라펀드는 2021년 상반기에는 투자를 시작할 수 있다. 디지털 인프라, 반도체, 차세대 배터리, 디지털 문화콘텐츠, 6G 등과 같은 디지털 뉴딜사업과 태양광, 전기차, 수소차, 전기·수소 충전 인프라, ESS(에너지 저장장치) 등과 같은 그린 뉴딜사업은 글로벌하게 추진되고 있는 정책기조이며, 경제를 견인하는 유망산업이기도 하다. 손실 보전의 기회를 주는 정책형 뉴딜펀드와 세제 지원을 제공하는 뉴딜 인프라펀드에 대한 투자를 적극 검토할 것을 권한다.

(2) 기업의 전략적 대응전략

2021년은 '2020년의 시궁창(Gutter)'에서 빠져나올 '이탈점'이다. 뚜렷한 V자 반등은 아니더라도, 불확실성이 해소되고 '바닥'에서 빠져나와 '날갯짓'을 준비하는 시점에 비유될 듯하다. 디지털 기술을 도입해 플랫폼을 구축하거나, 플랫폼을 활용해 신사업에 진출하고, 빅데이터를 활용해 서비스를 차별화하는 노력이 대표적이다. 언택트 뉴노멀의 시대에 대응해 대면 서비스를 비대면 서비스로 전환해야 한다. 비대면 환경에서 클라우드, 모션캡처 기술 등을 활용해 더욱더 커넥티드(Connected, 연결)되거나, 가상·증강현실 기술 등을 활용해 경험을 제공하는 UX(User Experience)를 경영전략으로 계획해야 하겠다.

경영전략 기획에 있어서 산업의 경계를 부숴야 한다. 코로나19이후 디지털 트랜스포메이션이 가속화하고 있기 때문이다. 빅테크 기업들은 산업 간의 경계를 허물어뜨리고, 다양한 산업 진출을 시도하고 있다. 제조 기업은 제조업 안에서만 고민할 필요가 없다. 제조 기업도 서비스 기업이 되고, 서비스 기업도 제조 기업이 될 수 있다. 유통사가 금융사가 되기도 하고, 패션 기업이 헬스케어 산업의 키 플레이어가 되기도 한다. 기업은 산업의 경계 안에서 경직적으로 고민할 것이 아니라, 산업의 경계를 열어놓고 고민해야 한다. 그렇게 하려면 어떤 기술과 지능을 도입해 차원이 다른 서비스를 제공할 수 있을지, 하얀 도화지 위에 새로운 그림을 그리는 시도를 해야 한다.

신사업에 적극 투자를 단행해야 하는 시점이다. 2021년에도 초저금리가 지속되는데다, 정부의 강력한 경기부양책이 기업의 신사업 진출에 보조를 맞출 것이다. 한국판 뉴딜사업을 통한 R&D, 설비투자, 인재육성 등의 지원을 적극 활용할 필요가 있다. 디지털 기술을 전 산업에 활용할 수 있도록 하는 것이 디지털 뉴딜의 핵심이기 때문에, 모든 기업에게 예외 없이 정책 지원이 제공될 것이다. 한편, 그린 뉴딜사업도 필수적으로 활용해야 한다. 파리기후협약의 이행계획이 2021년부터 실행될 것이다. 기업들은 이산화탄소 감축이라는 새로운 규제에 놓이게 될 것이다. 마라톤 경주를 하는 선수가 무거운 가방을 짊어지고 경기하는 것과 유사하다. 따라서 가방을 가볍게 만드는 정부 지원책들을 활용해야 하겠다. 태양광과 ESS(에너지 저장장치)를 보급하는 데 보조금을 지급하는 것이 대표적인 사례다. 한편, 에너지 기업, 건설사, IT기업들은 그린 뉴딜의 관점에서 신사업 진출의 타당성을 검토하고, 사업 진출을 시도하는 발판을 마련해야 하는 시점이다.

리쇼어링(Reshoring) 또는 니어쇼어링(Near Shoring)을 검토할 필요가 있다. 주요 산업들의 공급라인을 국산화하는 데 정책적 지원이 집중될 것으로 보이는 바, 지원을 활용해 기류에 편승하는 노력도 요구될 것으로 보인다. 보호무역주의와 국가 간 무역갈등이 확산되어 가는 상황에서 기업들의 생산기지 및 주요 원자재·부품 공급처를 전략적으로 이전하는 방안에 대한 실질적인 검토가 필요하다. 창원시가 조성하고 있는 '공유생산공장'을 활용해 개도국에서의 인건비 이상을 절감하는 방식으로 제조할 수 있게 될 것이다. 산업통상자원부는 유턴 기업 지원정책에 대한 실효성을 높이는 방안을 제시하고, 세계 각국 정부도 강력한 리쇼어링 정책을 발표할 것이다. 기업들은 해외 현지법인을 그대로 둘 것인지, 한국으로 리쇼어링할 것인지, 혹은 그 밖의 다른 나라로 니어쇼어링할 것인지 등에 대한 사업성 검토를 시도할 시점이다. 특히, 홍콩의 특별지위 박탈로 현지법인을 철수하는 기업들은 긴급하게 의사결정을 내려야 할 것이다.

한편, 2021년 정부의 예산안과 재정 운용 계획을 검토하는 일은 매우 중요하다. 예산안 편성을 기초로 정책 지원이 집중될 분야를 확인하고, 공적자금을 활용한 투자계획을 진행할 필요가 있다. 유망산업에 대한 투자를 진흥하기 위해 산업보조금이 투입될 예정이다. 코로나19가 안정화되는 국가들을 중심으로 비대면 수출계약 및 기업간 미팅을 위한 활로를 마련하고 있다. 중소기업과 벤처기업들을 육성하고, 자영업 경영여건을 개선하는 등 다양한 경기부양책을 이행해 나갈 것이다. 기업들은 이러한 정부의 지원정책들을 면밀히 검토하고, 경기부양책들을 활용하는 사업전략을 강구해야 한다.

(3) 정부의 정책적 대응전략

정부는 가계와 기업들이 '시궁창'으로부터 이탈해 날개짓을 하도록 여건을 만들어야 한다. 정부는 코로나19 2차 대유행의 희생국이 되지 않도록 긴장의 끈을 놓지 말아야 한다. 가계와 기업들도 느슨해지지 않도록 감염병 예방을 위한 정부의 지침에 동참할 수 있도록 이끌어, 앞서 기술한 시나리오3(비관적 시나리오)이 현실이 되지 않도록 해야 하겠다. 방역에 있어서는 긴장감을, 경제라는 면에서는 희망을 제시해야 한다. 코로나19로 1930년대 대공황 이후 가장 흉악한 경제충격이 있었던 만큼, 다시 제자리로 돌아가지 않을 구조적 변화가 시작될 것이다. 포스트 코로나 시대는 새로운 변화가 표준이 되는 뉴노멀 경제다. 가계와 기업이 변화한 환경에 걸맞은 대응을 할 수 있도록 희망적 소통을 지속해야 하겠다.

리쇼어링 전쟁에서 승리해야 한다. 세계 각국이 자국으로 기업들을 유치하기 위한 전쟁이 단행되는 만큼, 한국으로 기업들을 유인하기 위한 현실적인 대안이 제시되어야 한다. 이를 위해서는 무엇보다 오프쇼어링 기업들이 왜 오프쇼어링 했는지를 파악하고,

각각의 구분에 맞게 세분화된 정책을 제공해야 한다. 예를 들어, 창원시는 '공유공장'을 기획했다. 공유생산공장 플랫폼인 상상허브를 만들어 베트남에서 생산할 때의 인건비보다 더 절감된 생산기지를 제공할 계획이다. 노동력을 이유로 나간 기업에게는 이러한 시설을 활용할 수 있도록 기회를 주고, 완화된 규제환경과 기술교류를 이유로 나간 기업에게는 자유무역지역이나 규제자유특구 등의 제도를 통해 유인해야 하겠다. 뉴딜펀드의 성공적 안착과 운용이 절대적으로 필요한 과제다. 뉴딜펀드 사업에 대한 우려를 해소하고 국민적 공감대를 형성해 나가는 것은 매우 중요한 숙제다. 코로나19의 충격에 대응해 나가고자 하는 정부의 계획이 한국판 뉴딜사업에 담겨 있는데, 본 사업을 성공적으로 이행해나가기 위해서는 충분한 자금이 마련되어야 할 것이다. 결국 뉴딜펀드가 삐걱거리기 시작하면, 한국판 뉴딜사업이 삐걱거리게 되고 성장국면으로의 도약이 어려워질 것이다. 뉴딜펀드의 미비점들을 개선해야 한다. 단기적으로도 수익성을 추구할 수 있는 사업들을 포함시켜 민간자본이 투입될 수 있도록 유도하고, 공공재적 인프라 사업에는 민간자본이 아닌 공공부문의 투자가 집중되도록 구성하는 등 미세조정이 필요하겠다. 대외 환경변화를 관리해야 한다. 대외여건은 통제할 수 없는 외재적 변수이지만, 어떻게 대응하느냐에 따라 위기가 될 수도 있고 기회가 될 수도 있다. 중국과 미국은 통화 패권경쟁을 본격화하고 있고, 디지털 화폐를 수출입 결제대금으로 청구하기 시작할 가능성이 있다. 외교적 협상과 동시에 디지털 통화

개발도 본격화할 필요가 있다. 미중 무역전쟁도 더욱더 기술 패권을 장악하려는 움직임으로 나타나고 있다. 예를 들어, 엔비디아가 ARM을 인수한 것은 반도체 산업에 독점적 영향력을 행사하려는 미국의 움직임에 일조한다. 화웨이를 압박하고, 독점적 시장 장악력을 확보하려는 미국의 움직임 속에서 반도체 산업의 활로를 모색하는 것은 매우 시급한 과제가 될 것이다. 2020년 11월 미국 대선 이후, 미국 행정부의 외교 및 경제정책 기조를 파악하고, 예상되는 대외여건 변화의 시나리오를 설계해 민감하게 대응하는 노력이 요구될 것이다.

부채를 관리해야 한다. 과다부채는 한국경제 회복의 큰 걸림돌이 될 수 있다. 부채는 당장의 위협을 주지는 않지만, 예상할 수 없는 또 다른 대재앙이 등장할 경우 대응할 능력을 현저하게 떨어뜨릴 수 있다. 2020년에는 확장적 예산에 더해 4번에 걸친 추경이 편성되었다. 한국 역사상 최대 규모의 정부지출이 진행되고도, 2021년 예산안이 또 한번 '초슈퍼예산'으로 계획되었다. 피치 못할 상황이지만, 이제 예산을 어떻게 쓸지가 매우 중요해진 상황이다. '세수를 고려한 세출'이 필요하다. 한 단위 예산 투입이 생산적인 경제활동으로 이어져 그 이상의 세수로 연결될 수 있도록 재정승수(Fiscal Multiplier)[5]를 고려한 정책이 요구되는 시점이다. 마지막

---

5 재정 승수(fiscal multiplier)는 재정 정책의 효과를 측정하기 위해 만들어진 지표로, 정부의 재정지출이 1단위 늘었을 때 국민소득이 얼마나 증가하는지를 보여주는 지표다. 재정수입, 특히 조세는 국민의 가처분소득을 감소시키기 때문에 소비지출을 감축시켜 민간부문에서 발생하는 유효수요를 감퇴시킨다. 또 재정지출 중 재정소비·재정투자는 민간경제로부터의 재화와 서비스의 구입으로 나

으로 새로운 기회를 모색해야 한다. 성공적인 산업재편을 유도하고, 전통산업에서 신산업으로의 전환에 활력을 불어 넣기 위해 미래형 인재를 양성해야 한다. 전통산업에서 노하우와 경험(Domain Knowledge)을 갖춘 인력들이 디지털 기술(Digital Knowledge)을 습득하는 인재 양성 프로그램을 통해 산업의 재편과정에서 인력이 유출되지 않도록 장치를 마련해야 한다. 청년 인재들이 혁신적 아이디어를 비즈니스로 구현할 수 있도록 스타트업 프로그램과 기술 가치 평가에 기반한 자금 지원 창구도 개선해야 한다. 2019년부터 중점적으로 추진했던 소부장(소재·부품·장비) 국산화 노력을 가속화 해야 하겠다. 이미 정책의 효과가 나타나고 있다. 가치사슬에서 고부가산업들을 한국으로 내재화하기 위한 R&D 예산 투입과 제도적 기반이 마련되어야 하겠다. 한편, 기업들이 체감할 수 있는 수준의 규제 완화 노력이 필요하다. 데이터 3법 개정, 규제샌드박스 도입 및 규제자유특구 지정과 같은 가시적 성과에 이어서 2021년에는 더욱 적극적인 액션이 필요하다. '찾아가는 규제 완화 플랫폼'과 같은 접근으로 그동안 '적극적인 듣기'를 이행해 왔다면, '적극적인 묻기'를 통해 기업들의 규제로 인한 애로를 해소할 수 있도록 해야 하겠다.

타나기 때문에 유효수요를 증대시킨다. 조세의 증가분($\triangle T$)이 얼마만큼의 국민소득 감소분($\triangle Y$)을 가져오는가의 비율 $\triangle Y/\triangle T$를 재정수입승수, 또 재정지출의 증가분($\triangle G$)이 얼마만큼의 국민소득을 증가시키는가의 비율 $\triangle Y/\triangle G$를 재정지출승수라고 하며, 양자를 합쳐 재정승수라고 한다.

부록

주요 투자은행의 세계경제 및 주요국 성장률 전망
주요 투자은행의 아시아 주요국 경제지표 전망

주요 투자은행의 세계경제 및 주요국 성장률 전망

■ **세계(−): 점진적 회복세가 이어지고 있으나 코로나19 불확실성 및 재정지원 축소 등으로 향후 성장 모멘텀 둔화 가능성. 백신 개발 전까지 예비적 저축 지속 및 소비 회복 지연 소지**(Barclays)

- **미국(+0.8%p↑):** 2분기 GDP 수정치 상향 조정 및 양호한 경제 지표(ISM 제조업 PMI 9월 55.4, 소비자 신뢰지수 9월 101.8) 등을 고려, '20년 성장률 상향 조정(BoA)

    - 코로나19 확산, 4차 경기부양책 합의 실패, 미중 갈등 등은 하방리스크. 11월 대선 결과, 백악관 및 양원을 일당이 독점(One-party Control)하는 경우 급격한 정책 변화로 이어질 우려(Nomura)

- **유로존(+0.2%p↑):** 지역(북유럽>남유럽) 및 부문별(제조>서비스)로 불균형한 회복 예상. EU회복기금의 법치주의(Rule of Law) 적용에 대한 회원국 간 의견 차이로 기금 집행 지연 불가피(Barclays)

    - 코로나19 불확실성으로 예비적 저축이 높은 수준으로 지속되고, 재정 지원 축소 및 실업 증가 등으로 가처분소득이 하락해 소비에 영향을 줄 우려(BoA)

- **일본(−0.3%p↓):** 경제심리는 다소 부진하나 자동차 판매 등을 포함하여 소비는 회복세. 일본 정부의 경제 대책('Go To' 프로그램)이 10월 이후 서비스 부문 지출을 지속해서 견인할 수 있을지 주목(BoA)

* 본 내용은 국제금융센터(2020. 10. 7) 자료를 기준으로 함.

세계 경제성장률 전망

기관명	2020ᶠ	2021ᶠ
Barclays	−3.6	5.0
BNP Paribas	−4.1	5.5
BoA−ML	−3.8	5.6
Citi	−3.6	5.7
Goldman Sachs	−3.9	6.6
JP Morgan	−3.8	6.1
Nomura	−4.2	6.2
Societe Generale	−3.7	5.1
UBS	−3.8	5.7
평균	−3.8(0.0)	5.7(0.1)

세계경제 성장률 추이

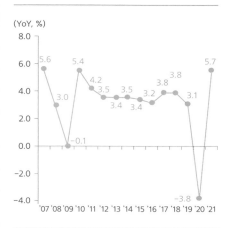

* 전년대비, 구매력평가(PPP) 기준. 붉은색, 파란색은 각각 전월 전망치대비 상승, 하락을 의미. 괄호는 전월 전망치 대비 변화분(%p)

미국 경제성장률 전망

	분기별				2020ᶠ	2021ᶠ
	20.3Q	20.4Q	21.1Q	21.2Q		
Barclays	30.0	2.5	3.5	5.0	−3.9	3.9
BNP Paribas	−	−	−	−	−4.3	4.3
BoA−ML	33.0	3.0	5.0	5.0	−3.6	4.5
Citi	29.3	10.1	5.8	3.9	−3.6	5.1
Goldman Sachs	35.0	3.0	7.0	7.0	−3.5	5.8
JP Morgan	33.0	2.5	2.0	2.0	−3.6	2.8
Nomura	27.6	1.8	1.8	1.8	−4.2	3.3
Societe Generale	26.2	5.5	3.2	2.9	−4.2	3.4
UBS	26.8	2.0	3.0	5.9	−4.3	3.7
평균	30.1(8)	3.8(−1.6)	3.9(−0.7)	4.2(0.2)	−3.9(0.8)	4.1(0.4)

* 분기별 전망은 전기 대비 연율, 연도별 전망은 전년 대비 기준. 붉은색, 파란색은 각각 전월 전망치 대비 상승, 하락을 의미. 괄호는 전월 전망치 대비 변화분(%p)

유로존 경제성장률 전망

	분기별				2020^f	2021^f
	20.3Q	20.4Q	21.1Q	21.2Q		
Barclays	54.7	3.9	1.9	2.3	−6.9	4.7
BNP Paribas	–	–	–	–	−7.8	5.2
BoA−ML	47.9	6.8	0.9	1.5	−7.3	3.8
Citi	53.8	9.1	1.8	3.9	−6.7	5.6
Goldman Sachs	38.5	9.1	6.6	6.1	−7.9	6.7
JP Morgan	56.0	3.5	4.5	3.5	−6.8	5.3
Nomura	33.4	12.5	8.3	4.0	−8.2	6.2
Societe Generale	53.4	8.0	−2.4	3.1	−6.8	3.9
UBS	39.6	14.0	5.6	3.5	−7.7	6.1
평균	47.2(2)	8.4(−4)	3.4(−1.8)	3.5(0.3)	−7.3(0.2)	5.3(−0.7)

* 분기별 전망은 전기 대비 연율. 연도별 전망은 전년 대비 기준. 분기별 평균은 전기 대비 연율의 산술평균 집계. 붉은색, 파란색은 각각 전월 전망치 대비 상승, 하락을 의미. 괄호는 전월 전망치 대비 변화분(%p)

중국 경제성장률 전망

	분기별				2020^f	2021^f
	20.3Q	20.4Q	21.1Q	21.2Q		
Barclays	5.2	6.1	17.4	6.0	2.3	6.9
BNP Paribas	–	–	–	–	2.5	7.5
BoA−ML	(56.3)	(13.0)	(11.0)	(1.0)	2.0	8.5
Citi	5.5	6.3	16.0	8.0	2.4	8.2
Goldman Sachs	6.2	6.6	17.7	7.1	2.7	8.1
JP Morgan	(56.5)	(10.4)	(8.2)	(4.1)	2.3	8.7
Nomura	5.2	5.7	19.1	8.2	2.2	9.4
Societe Generale	5.5	6.5	12.0	9.5	2.5	7.5
UBS	5.5	6.0	18.7	7.0	2.5	7.6
평균	5.5(0)	6.2(0.1)	16.8(0.5)	7.6(−0.3)	2.4(0)	8(−0.1)

* 분기별 전망은 전년 동기 대비, ( )은 전기 대비 연율. 평균은 전기 대비 연율 값을 제외하고 계산. 연도별 전망은 전년 대비 기준. 분기별 평균은 전년 동기 대비의 산술평균 집계. 붉은색, 파란색은 각각 전월 전망치 대비 상승, 하락을 의미. 괄호는 전월 전망치대비 변화분(%p)

일본 경제성장률 전망

	분기별				2020[f]	2021[f]
	20.3Q	20.4Q	21.1Q	21.2Q		
Barclays	15.8	5.7	1.4	2.7	−5.6	2.2
BNP Paribas	−	−	−	−	−5.4	1.2
BoA−ML	13.7	5.9	4.0	5.1	−5.7	3.3
Citi	16.4	5.4	2.4	1.8	−5.5	2.1
Goldman Sachs	12.1	8.6	3.6	4	−5.8	3.2
JP Morgan	11.0	13.0	3.0	3.0	−5.7	3.0
Nomura	9.8	6.8	5.1	3.5	−6.1	3.1
Societe Generale	5.5	2.9	0.5	0.7	−4.4	4.5
UBS	13.7	5.6	5.8	2.5	−5.8	2.5
평균	12.3(−1.2)	6.7(0.3)	3.2(−0.3)	2.9(−0.3)	−5.6(−0.3)	2.8(0.1)

* 분기별 전망은 전기 대비 연율. 연도별 전망은 전년 대비 기준. 분기별 평균은 전기 대비 연율의 산술평균 집계. 붉은색, 파란색은 각각 전월 전망치대비 상승, 하락을 의미. 괄호는 전월 전망치대비 변화분(%p)

주요 투자은행의 아시아 주요국 경제지표 전망

- **2020년 경제성장률 전망치: 대만·베트남 상향, 태국 보합, 그 외 7개국 모두 하향 조정**

  - 인도(2.7%p↓): 당국의 엄격한 봉쇄 정책에도 불구하고, 약 3천만 명에 달하는 이주 노동자의 지역 전파 등으로 일일 코로나19 감염 사례가 세계 최고 수준인 9만 건에 달하고 '20.2분기 경제성장률도 역대 최저치인 −23.9%를 기록(HSBC)

  - 필리핀(0.6%p↓): 전국적인 봉쇄령은 5월 중순 해제되었으나 세부, 메트로 마닐라 등에서 여전히 지역 단위의 격리조치가 이어지는 중. 팬데믹 이후 30만 명의 해외 필리핀 노동자가 실직하여 국내 송금액이 감소하고 민간소비가 위축(HSBC)

  - 홍콩(0.5%p↓): 홍콩 경제의 주요 축인 소매 판매가 18개월 연속 하락 추세. 본토 및 외국인 관광객에 대한 입국 제한이 단기간 내 해소되기 어려운 상황에서 높은 실업률도 가세하여 경제심리 위축이 당분간 지속될 전망(Barclays)

* 본 내용은 국제금융센터(2020. 10. 7) 자료를 기준으로 함.

아시아 주요국 지표(9개 투자은행 평균)

구분	경제성장률 (Real GDP, %(%p), yoy)				물가(CPI, %, yoy)			경상수지(% of GDP)		
	2019	2020	(전월 대비)	2021	2019	2020	2021	2019	2020	2021
한국	2.0	−1.4	↓0.5	3.2	0.4	0.5	1.3	3.6	3.7	4.1
대만	2.7	0.9	↑0.6	3.3	0.6	−0.1	1.2	10.6	11.4	11.6
홍콩	−1.2	−7.2	↓0.5	4.4	2.9	0.7	1.8	4.9	4.7	3.9
인도	4.5	−8.7	↓2.7	9.4	4.4	5.5	4.3	−1.0	0.4	−0.5
인도네시아	5.0	−1.8	↓0.2	5.1	2.8	2.1	2.4	−2.7	−1.5	−2.2
말레이시아	4.3	−6.0	↓0.1	6.9	0.7	−1.1	1.9	3.4	2.2	2.9
필리핀	6.0	−8.1	↓0.6	7.5	2.5	2.6	2.8	−0.4	1.2	−0.7
싱가포르	0.7	−6.4	↓0.1	5.3	0.6	−0.3	0.8	16.9	15.2	16.7
태국	2.4	−7.7	−	3.6	0.7	−0.8	1.3	7.0	3.6	4.4
베트남	7.0	2.3	↑0.1	7.9	2.8	3.4	3.1	4.0	2.7	2.7

* 주요 9개 해외투자은행(Barclays, BoA−ML, Citi, Credit Suisse, GS, JPM, HSBC, Nomura, UBS) 전망을 집계.
('20.9월말 기준) 빨간색, 파란색은 각각 '20.8월말 대비 상승 및 하락을 표시

각국 경제지표 전망(투자은행별)

한국	경제성장률 (Real GDP, %, yoy)			물가(CPI, %, yoy)			경상수지(% of GDP)		
	2019	2020	2021	2019	2020	2021	2019	2020	2021
Barclays	2.0	−1.5	3.2	0.4	0.5	1.1	−	−	−
BoA−ML	2.0	−0.8	3.9	0.4	0.4	1.0	3.6	4.1	6.1
Citi	2.0	−1.8	2.6	0.4	0.5	1.3	3.6	3.7	3.6
Credit Suisse	2.0	−1.9	2.9	0.4	0.6	1.9	−	−	−
Goldman Sachs	2.0	−1.6	2.9	0.4	0.2	1.4	−	−	−
JP Morgan	2.0	−1.5	3.1	0.4	0.6	1.3	3.6	3.2	4.0
HSBC	2.0	−1.2	2.2	0.4	0.5	1.3	3.6	2.6	2.1
Nomura	2.0	−0.6	3.6	0.4	0.5	0.9	−	−	−
UBS	2.0	−2.0	4.8	0.4	0.7	1.4	3.6	4.8	4.6
평균	2.0	−1.4	3.2	0.4	0.5	1.3	3.6	3.7	4.1

대만	경제성장률 (Real GDP, %, yoy)			물가(CPI, %, yoy)			경상수지(% of GDP)		
	2019	2020	2021	2019	2020	2021	2019	2020	2021
Barclays	2.7	1.3	3.7	0.6	−0.2	1.1	−	−	−
BoA−ML	2.7	1.0	3.5	0.6	−0.1	1.4	10.6	12.0	12.2
Citi	2.7	1.7	2.2	0.6	0.1	1.1	10.7	9.3	9.5
Credit Suisse	2.7	1.7	3.6	0.6	−0.2	0.9	−	−	−
Goldman Sachs	2.7	1.2	3.5	0.6	0.0	1.6	−	−	−
JP Morgan	2.7	0.6	3.6	0.6	−0.3	0.9	10.4	10.8	10.4
HSBC	2.7	1.0	3.0	0.6	−0.2	1.0	10.7	11.8	12.2
Nomura	2.7	1.0	3.2	0.6	−0.2	1.0	−	−	−
UBS	2.7	−1.4	3.6	0.6	0.2	2.0	10.8	13.0	13.5
평균	2.7	0.9	3.3	0.6	−0.1	1.2	10.6	11.4	11.6

홍콩	경제성장률 (Real GDP, %, yoy)			물가(CPI, %, yoy)			경상수지(% of GDP)		
	2019	2020	2021	2019	2020	2021	2019	2020	2021
Barclays	−1.2	−7.0	3.0	2.9	−0.2	0.4	−	−	−
BoA−ML	−1.2	−7.6	4.7	2.9	0.5	1.9	6.1	6.8	6.0
Citi	−1.2	−6.3	2.8	2.9	0.3	1.5	6.1	4.3	3.0
Credit Suisse	−	−	−	−	−	−	−	−	−
Goldman Sachs	−1.2	−6.1	7.8	2.9	1.8	3.1	−	−	−
JP Morgan	−1.2	−7.4	4.2	2.9	1.1	1.7	2.2	2.7	2.4
HSBC	−1.2	−7.9	4.3	2.9	0.7	2.4	6.1	5.6	3.6
Nomura	−1.2	−7.0	4.0	2.9	1.4	2.2	−	−	−
UBS	−1.2	−8.0	4.6	2.9	0.3	0.9	4.0	4.2	4.3
평균	−1.2	−7.2	4.4	2.9	0.7	1.8	4.9	4.7	3.9

인도*	경제성장률 (Real GDP, %, yoy)			물가(CPI, %, yoy)			경상수지(% of GDP)		
	FY19/20	FY20/21	FY21/22	FY19/20	FY20/21	FY21/22	FY19/20	FY20/21	FY21/22
Barclays	4.8	−6.5	7.1	3.7	6.1	4.4	−	−	−
BoA−ML	4.6	−8.0	9.1	4.8	4.0	4.5	−1.0	0.0	−1.0
Citi	4.2	−8.0	8.9	4.8	5.3	3.6	−0.9	0.3	−0.3
Credit Suisse	4.2	−9.0	−	4.7	5.2		−	−	−
Goldman Sachs	4.9	−10.9	8.1	3.7	6.4	5.5	−	−	−
JP Morgan	4.2	−9.0	15.1	4.7	5.5	4.0	−1.1	0.2	−0.1
HSBC	4.9	−9.6	6.6	4.8	5.7	4.2	−0.9	1.1	−0.6
Nomura	4.9	−9.0	9.9	3.7	6.0	3.7	−	−	−
UBS	4.2	−8.6	10.0	4.8	5.7	4.5	−0.9	0.4	−0.3
평균	4.5	−8.7	9.4	4.4	5.5	4.3	−1.0	0.4	−0.5

*주: 인도의 회계연도는 매년 4.1일부터 이듬해 3.31월까지

인도네시아	경제성장률 (Real GDP, %, yoy)			물가(CPI, %, yoy)			경상수지(% of GDP)		
	2019	2020	2021	2019	2020	2021	2019	2020	2021
Barclays	5.0	−2.0	2.5	2.8	2.0	2.0	−	−	−
BoA−ML	5.0	−2.5	5.5	2.8	1.9	2.2	−2.7	−2.1	−2.9
Citi	5.0	−1.5	5.6	2.8	1.9	1.6	−2.7	−1.2	−1.4
Credit Suisse	5.0	−1.0	5.3	3.0	2.2	2.7	−	−	−
Goldman Sachs	5.0	−1.4	6.3	2.8	2.3	2.5	−	−	−
JP Morgan	5.0	−0.8	5.0	2.8	2.6	2.4	−2.7	−1.2	−2.2
HSBC	5.0	−2.1	5.1	2.8	2.1	2.6	−2.7	−1.4	−2.3
Nomura	5.0	−3.2	6.2	2.8	2.1	2.8	−	−	−
UBS	5.0	−2.0	4.0	2.8	2.2	2.7	−2.7	−1.5	−2.2
평균	5.0	−1.8	5.1	2.8	2.1	2.4	−2.7	−1.5	−2.2

말레이시아	경제성장률 (Real GDP, %, yoy)			물가(CPI, %, yoy)			경상수지(% of GDP)		
	2019	2020	2021	2019	2020	2021	2019	2020	2021
Barclays	4.3	−8.5	4.5	0.7	−1.2	3.0	−	−	−
BoA−ML	4.3	−5.1	9.2	0.7	−1.1	2.0	3.3	1.2	3.1
Citi	4.3	−5.0	7.0	0.7	−1.1	2.3	3.4	2.0	2.0
Credit Suisse	4.3	−4.7	6.0	0.7	−1.0	1.8	−	−	−
Goldman Sachs	4.3	−6.5	7.1	0.7	−1.2	1.9	−	−	−
JP Morgan	4.3	−7.7	8.8	0.7	−1.0	1.7	3.3	2.1	2.6
HSBC	4.3	−5.1	6.2	0.7	−1.0	1.6	3.4	2.8	2.8
Nomura	4.3	−6.3	7.2	0.7	−1.1	1.1	−	−	−
UBS	4.3	−5.5	5.8	0.7	−1.0	1.7	3.4	3.1	4.2
평균	4.3	−6.0	6.9	0.7	−1.1	1.9	3.4	2.2	2.9

필리핀	경제성장률 (Real GDP, %, yoy)			물가(CPI, %, yoy)			경상수지(% of GDP)		
	2019	2020	2021	2019	2020	2021	2019	2020	2021
Barclays	6.1	−9.0	7.5	2.5	2.5	3.0	−	−	−
BoA−ML	6.0	−7.5	4.5	2.5	3.6	3.3	−0.1	1.2	−0.6
Citi	6.0	−7.9	7.0	2.5	2.4	2.3	−0.9	0.7	−0.5
Credit Suisse	5.9	−6.8	7.4	2.5	2.5	3.0	−	−	−
Goldman Sachs	6.0	−7.5	9.4	2.5	2.3	2.9	−	−	−
JP Morgan	6.0	−8.0	9.5	2.5	2.6	2.4	−0.6	1.8	−0.7
HSBC	6.0	−9.6	5.8	2.5	2.4	2.7	−0.1	0.3	−0.4
Nomura	6.0	−6.6	8.1	2.5	2.5	2.9	−	−	−
UBS	6.0	−10.0	8.0	2.5	2.6	2.7	−0.1	2.2	−1.3
평균	6.0	−8.1	7.5	2.5	2.6	2.8	−0.4	1.2	−0.7

싱가포르	경제성장률 (Real GDP, %, yoy)			물가(CPI, %, yoy)			경상수지(% of GDP)		
	2019	2020	2021	2019	2020	2021	2019	2020	2021
Barclays	0.7	−6.0	4.0	0.6	−0.3	0.4	−	−	−
BoA−ML	0.7	−7.0	5.8	0.6	−0.2	0.6	17.0	15.6	17.3
Citi	0.7	−7.5	6.0	0.6	−0.2	0.7	17.0	15.0	16.5
Credit Suisse	0.7	−6.0	5.5	0.6	−0.5	1.0	−	−	−
Goldman Sachs	0.7	−5.6	6.2	0.6	−0.2	1.6	−	−	−
JP Morgan	0.7	−6.2	1.0	0.3	−0.3	0.4	16.7	15.0	16.8
HSBC	0.7	−6.6	7.0	0.6	−0.4	1.3	17.0	16.6	18.1
Nomura	0.7	−5.6	5.2	0.6	−0.4	0.3	−	−	−
UBS	0.7	−7.3	7.0	0.6	−0.5	0.9	17.0	13.7	14.9
평균	0.7	−6.4	5.3	0.6	−0.3	0.8	16.9	15.2	16.7

태국	경제성장률 (Real GDP, %, yoy)			물가(CPI, %, yoy)			경상수지(% of GDP)		
	2019	2020	2021	2019	2020	2021	2019	2020	2021
Barclays	2.4	−7.0	1.0	0.7	−0.8	1.3	−	−	−
BoA−ML	2.4	−9.0	3.4	0.7	−0.8	0.8	7.0	3.1	2.8
Citi	2.4	−8.6	4.5	0.7	−0.8	1.4	7.1	3.1	5.3
Credit Suisse	2.4	−7.3	4.5	0.7	−1.0	1.0	−	−	−
Goldman Sachs	2.4	−7.1	6.0	0.7	−0.7	2.3	−	−	−
JP Morgan	2.4	−7.3	1.5	0.7	−0.9	1.6	6.9	4.9	5.3
HSBC	2.4	−8.2	3.3	0.7	−0.8	1.1	7.1	4.2	5.2
Nomura	2.4	−7.6	3.8	0.7	−0.8	1.0	−	−	−
UBS	2.4	−7.1	4.2	0.7	−1.0	0.9	7.1	2.5	3.5
평균	2.4	−7.7	3.6	0.7	−0.8	1.3	7.0	3.6	4.4

베트남	경제성장률 (Real GDP, %, yoy)			물가(CPI, %, yoy)			경상수지(% of GDP)		
	2019	2020	2021	2019	2020	2021	2019	2020	2021
Barclays	–	–	–	–	–	–	–	–	–
BoA–ML	7.0	2.3	9.3	2.8	3.6	2.7	4.0	2.3	2.3
Citi	7.0	2.0	7.0	2.8	3.4	3.4	4.0	2.8	3.2
Credit Suisse	–	–	–	–	–	–	–	–	–
Goldman Sachs	7.1	2.7	8.1	2.8	3.3	3.2	–	–	–
JP Morgan	–	–	–	–	–	–	–	–	–
HSBC	–	–	–	–	–	–	–	–	–
Nomura	–	–	–	–	–	–	–	–	–
UBS	7.0	2.0	7.1	2.8	3.3	2.9	4.1	3.1	2.5
평균	7.0	2.3	7.9	2.8	3.4	3.1	4.0	2.7	2.7